소유에서 사용으로, 구독경제 지침서

성공하는
구독경제
원픽 One Pick

두진문

도서
출판 행복에너지

소유에서 사용으로, 구독경제 지침서

성공하는
구독경제
원픽 One Pick

초판 1쇄 발행 2021년 11월 11일
저 은 이 두진문
발 행 인 권선복
편   집 백예나
디 자 인 오지영
전 자 책 노유경
발 행 처 도서출판 행복에너지
출판등록 제315-2011-000035호
주   소 (07679) 서울특별시 강서구 화곡로 232
전   화 0505-613-6133
팩   스 0303-0799-1560
홈페이지 www.happybook.or.kr
이 메 일 ksbdata@daum.net

값 17,000원
ISBN   979-11-5602-935-9   (13320)

성공하는 구독경제 원픽

두진문 지음

도서 출판 행복에너지

성공하는 구독경제 원픽One Pick

contents

1장

구독경제 〈개념〉
쉽게 이해하기

2장

구독경제 〈전략〉
제대로 파악하기

3장

구독경제 〈완성〉 이렇게 다가가기

4장

구독경제 <미래> 시니어 플랫폼에서 누리기

| 키워드로 알아보는 시니어 플랫폼 이야기 |

인생은 한 치 앞도 알 수 없는 것
그러나 그것이 끝이 아니라는 것

2020년 1월, 우리의 평화로운 일상에 느닷없이 찾아온 '코로나 19'라는 바이러스와 힘겹게 싸우면서 지낸 지도 어느덧 2년이 다 되어간다. 누구라도 다 그렇겠지만, 나 역시 2020년 1월을 결코 잊을 수 없다. 1주일 전 중국에 다녀온 그날이 마지막이 될 줄은 그때는 미처 알지 못했다. 아니, 이런 일이 일어날 것이라고는 전혀 예상하지 못했다. 그런데, 눈앞에서 이런 기가 막힐 일이 벌어지고 말았다. 실로 영화 같은 이 사건을 현실로 받아들이기까지 많은 시간이 흘렀고, 우여곡절과 여러 시행착오를 거치며 우리 사회는 2021년 10월 말에 전 국민의 70%가 '코로나 19' 백신 2차 접종까지 완료하는 단계에 이르렀다.

사실 그때 나는, 한 달만 기다리면, 아니 두 달만 기다리면, 모든 상황이 다 끝나는 매우 중요한 때였다. 중국에서 '구독경제'를 준비하기 위해 나의 모든 시간과 비용, 에너지를 집중적으로 투자하고 있었기 때문이다. 1달 동안 킥오프 미팅(Kickoff meeting)을 하고 있었고, 3월이 되면 오픈 시뮬레이션을 준비하던 중이었다.

추운 겨울의 1월, 2월을 답답한 마음으로 시간을 보내면서도 '설마' 싶었다. 하지만 갈수록 상황은 악화하였고 아무리 기다려도 뾰족한 해답은 나오지 않았다.

결국 그때 이후로 현재까지 중국으로 돌아가지 못한 채 지금 이 글을 쓰고 있다. 모든 계획이 수포가 되자 내 머릿속에는 중국에서 이루려고 했던 꿈들이 낱개의 단어로 흩어져 나를 힘들게 하고 있었다.

공장 시설, 인테리어 전시장, 정수기 계약, 세계 최초 공기청정기 계약, 세계 최초 필터 기술 개발, 디지털 침대 개발, 전산 시스템 개발, 직원 모집, 교육, 그리고, 영업의 전설, 전 웅진코웨이 사장 두진문의 자서전, 『성공하고 싶은가? 영업에서 시작하라』 중국어 버전 등 '이것들을 모두 어쩌나?' 한숨을 내쉬고 있을 때 밖에서는 나를 자극하는 뉴스들이 하루가 멀다고 들려오기 시작했다.

미국 내 최고의 시가 총액을 자랑하는 4대 IT 기업 MAGA (마이크로소프트Microsoft, 애플Apple, 구글Google, 아마존Amazon)는 물론이고, 우리나라의 네이버와 카카오의 거침없는 성장. 그리고 배달의 민족, 쿠팡 등의 계속되는 성공 가도를 보면서 나는 더 늦기 전에 전면 계획 수정에 들어가지 않을 수 없었다.

중국 시장이 먼저가 아니고, 한국에서 해야겠구나! 이곳에서 먼저 시작한 다음, 중국으로 가자! 왜냐? 코로나로 인해 시대가 바뀌었음을 그제야 절감했기 때문이었다.

아날로그 시대에서 디지털 시대를 사는 지금, 하루가 다르게 바뀌는 것들이 늘고 있다. AI 인공지능의 기술은 무서울 정도로 속도감 있게 발전하고 있다. 그야말로 화려하고 눈부신 혁신의 시대이다. 이러한 디지털 세상에서 살아남으려면 전략이 필요하다. 게다가 '구독경제'로 살아남으려면 더더욱 차별화된 전략이 필요하다. 나는 이러한 내용을 이 책에서 세세하게 함께 나눠보고자 한다.

1998년 IMF 외환위기, 2008년 세계 금융 위기, 그리고 2019년 코로나 19 팬데믹 위기. 세상의 모든 기회는 위기의 때에 이루어진다는 말이 있다. 나는 실제로 앞선 두 번의 위기에서 그것을 경험했기에 이번에도 그럴 수 있을 것이라 자부한다. 코로나 팬데믹이 많은 것들을 바꿔놓은 지금의 우리 일상. 그 변화의 흐름은 이제 '구독경제'로 흘러가고 있다.

물론, 이미 우리 생활의 전반에서 나도 모르는 사이에 구독 서비스가 이뤄지고 있다. 당신이 '구독경제'라는 개념을 의도적으로 생각하지 않았던 순간부터 이미 이뤄지고 있다는 것을 알고 있는가? 그렇다면, 이제라도 제대로 알아야 할 필요가 있지 않을까? 그리고, 똑똑하게 구매하고 구독해야 할 필요가 있지 않을까? 그래서 이 책을 쓰게 됐다. 한국형 버전의 구독경제 교과서가 필요하겠구나, 누구라도 쉽게 이해하고 접근할 수 있는 똑똑하고 친절한 지침서가 있어야겠구나, 그런 연유로 집필을 시작하게 된 것이다.

이 책을 쓰는 동안에도 '구독경제'에 관한 기사들은 쏟아져 나오고 있고, 앞으로도 그럴 것이다. 대기업은 물론, 중소기업, 스타트업 기업이 나타나고 정부 발표에 따르면 2022년까지 식품, 생필품, 농수산품, 전통시장, 골목상권 등 소상공인도 구독경제에 손쉽게 참여하고 직접 운영할 수 있도록 3천 명 정도를 육성한다고 하니 바야흐로 '구독경제'의 시대는 틀림없어 보인다.

이런 흐름에 발맞춰 올라타야 한다. 다만, 몇몇 거대 플랫폼 기업이나 제조사가 끌고 가는 데로 휩쓸려 가는 것이 아니라 내가 소비의 주체가 되어 제대로 아는 것이 무엇보다 중요하다. 바로 이것이 내가 이 책을 쓰는 이유이고, 당신이 이 책을 읽어야 하는 이유이다.

구독경제 〈개념〉
쉽게 이해하기

1

최고보다 최초
'라떼는 말이야~'
(latte is horse)

MZ 세대는 1980년에서 1995년에 태어난 밀레니얼(M) 세대와 1996년 이후 태어난 Z세대를 통칭하는 표현이다. 이 세대가 가장 싫어하는 말 중의 하나가 '라떼는 말이야~'(latte is horse) = '나 때는 말이야'라는 것을 잘 알고 있다. 가능하면 젊은 세대들이 있는 자리에서 옛날이야기를 안 하려고 하는데, 구독경제를 이야기하는 데 있어서 한 번은 필요할 것 같아서 짚고 넘어가려고 한다. 이해해주기 바란다.

나는 솔직하게 말해서 **'최고보다 최초'**를 좋아한다. 물론, 최초로 시작해서 최고가 된다면야 더 바랄 것이 없겠지만 말이다. 최초로 무엇인가를 시도하는 것을 즐기는 편이다. 그렇다고 터무니없는 허황된 것들을 쫓는 것은 아니다. 작고 사소한 일이라도 일단 도전한 후 성취감을 맛보는 것을 좋아한다. 그러한 것들을 사업에 주로 적용하다 보니 사이즈가 확장되는 것이다.

다른 사람들이 '과연 될까?' 의구심을 가지며 망설일 때 나만의 노하우와 차별화된 전략으로 추진한다. 그리고 끝내 성공을 맛본다. (물론 실패한 적이 없는 것은 아니다) 그때 느끼는 성취감은 결국 또 다른 도전으로 연결된다. 이것이 내가 끊임없이 사업을 하고 경영을 하는 까닭이다.

내가 코웨이 사장으로 있을 때 정수기 부문에서 타 업체들과의 경쟁에서 성공한 원인은 이렇다.

- **국내 최초 렌탈 도입!**
- **국내 최초 코디 도입!** (방문 관리 시스템)
- **국내 최초 수질 검사기관 공인!**
- **국내 최초 비포 서비스 성공!**

1997년 당시 코웨이 정수기 구매 가격은 가정용 110만

원, 업소용 270만 원이었다. 아무리 정수기가 필요하다고 해서 손쉽게 구매할 수 있는 가격은 아니었다.

그때 IMF 금융 위기가 닥쳐왔다. 나라와 기업 모두 총체적으로 부도가 난 상태였다. 당연히, 비싼 가격의 코웨이 정수기도 위기에 직면하게 되었다. 공장에 가보니 정수기가 산더미처럼 쌓여 있었다. 그야말로 절망이었다. 파는 것만큼은 자신 있었고 단 한 번도 부정적인 생각은 안 하던 나였는데, 이 국가적인 금융 위기 앞에서 이번만큼은 너무 힘들다는 생각이 밀려왔다.

그대로 주저앉고 싶었지만, 그럴 수가 없었다. 어딘가에 묘안이, 묘책이 있으리라 생각했다. 그렇게 주문을 외우고 또 외웠다. 그러던 어느 날, 옳거니! 무릎을 탁, 치는 생각이 떠올랐다. 어차피 못 팔고 공장에 쌓아둘 것이라면 빌려주면 어떨까?

이렇게 시작한 생각이 정수기 렌탈 제도의 시작이었다. 남들이 생각하지 못한 아이디어였던 셈이다. 그리고 바로 이것이 요즘 시대에 이어지고 있는 렌탈형 '구독 서비스' 모델의 모태라고도 할 수 있겠다.

물론, 당시에는 대기업도 쉽게 시도하지 못하는 공격적인 마케팅 전략이었기 때문에 결코 쉬운 결정은 아니었다. 일단 정수기에는 기본적으로 설치비용이 들어가고, 구형 정수기를 교체하고 처리하는 비용, 필터 갈아주는 비용, 인건비, 금융비, 그밖에 서비스 비용을 포함한 매우 복잡한 위험요소가 있었기에 용단을 내려야 했다.

결국, 소비자들이 월 2만 원 혹은 3만 원 정도를 부담하고 정수기를 빌려 쓸 수 있도록 하는 데 불편함 없도록 모든 필요한 제반 절차를 실행에 옮겼다.

그리고 여기에서 가장 중요한 것! 우리가 익히 알고 있는 애프터서비스(A/S)를 **비포 서비스**(Before Service)로 전환, 미리 찾아가서 불편한 것들이 있는지 먼저 물어보고 체크하는 서비스를 선보였다. 그랬더니 역시 그것을 통해 고객 감동이라는 성과를 이루어냈다. 그리고 마찬가지로 이것은 지금의 '구독경제'에도 당연히 적용해야 할 필요가 있다고 본다.

어떻게 적용할 것인가는, 구독 서비스를 제공하는 플랫폼이나 생산자, 제조사의 역할일 테고 말이다. (비포 서비스에 대해서는 뒷부분에 가서 좀 더 부연 설명하겠다.)

이처럼 오래전 위기의 때에 공장에 쌓여있던 정수기를 바라보면서 생각해낸 반짝이는 아이디어가 '최초'라는 수식어를 달고 엄청난 성과를 가져다준 것을 기억하며 지금, 이 순간 2022년, 2023년을 향한 또 한 번의 날갯짓을 해보려고 한다. 혹시 나와 같은 생각을 하고 있다면, 당신의 내일을 향한 그 출발점에 한국형 버전의 이 책이 (해외 사례가 주된 이야기가 아니기에) 부디 긍정적인 역할을 하는 통로가 되기를 바라마지 않는다.

2

구독경제
개념 파악하기

앞에서 이야기했던 것처럼 '구독경제'는 이미 오래전부터 우리 생활 속에 있었던 개념이다. 다만 우리가 그렇게 인지하지 못했을 뿐이고, 그렇게 부르지 않았을 뿐이다. 내가 최초로 시도했던 코웨이 정수기 렌탈이 구독 서비스의 모델 중 하나인 '렌탈형' 비즈니스 모델이라 할 수 있겠다. (구독 서비스 모델에 관해서는 뒤에 이어진다) 이것보다 조금 더 시간을 거슬러 올라가 보면 신문과 잡지, 그리고 우유를 꼽을 수 있다. 그때는 집집마다 한 달 구독료를 내고 배달해주는 이것들을 받아서 이용했다. 또한, 최근처럼 '구독경제'라는 개념이 짙어지기 전에도 우리는 이미 스마트폰 요금을 월정액으로 내고 있었는데, 이것 또한 구독 서비스 카테고리에 넣을 수 있다.

| 구독경제 〈개념〉 쉽게 이해하기 |

일상에서 많은 사람이 구독하고 있는 대표적인 서비스라면 단연, 넷플릭스와 멜론, 밀리의 서재 등, 디지털 콘텐츠 서비스일 것이다. 그중에서도 넷플릭스는 코로나 시대를 겪으면서 수혜를 본 대표적인 서비스라 할 수 있다.

코로나가 장기화하면서 밖에 나갈 수 없는 사람들은 집 안에서 할 수 있는 것들을 찾아 나섰는데, 그런 사람들을 공략, 스마트폰만 있으면 내가 원하는 시간과 장소에서 내가 원하는 콘텐츠를 마음껏 볼 수 있는 넷플릭스는 구미가 당기고도 남는 매력적인 플랫폼임이 분명하다. 그러니 날이 갈수록 전 세계가 열광하는 온라인 동영상 서비스(OTT)의 절대 강자가 된 것은 어찌 보면 당연한 결과가 아닐까 싶다.

바로 이렇게 **구독경제는, 소비자 즉, 사용자(구독자)가 일정 기간 동안 일정 금액 즉, 구독료를 내고 원하는 상품이나 서비스를 제공받는 경제활동을 말한다. 이전부터 있었지만, 새롭게 주목받고 있는 유통 서비스라고 보면 될 것 같다.**

구독 서비스의 대표 기업은 누차 얘기하지만, 〈넷플릭스〉를 빼놓고는 이야기가 안 된다. 다시 말해, 넷플릭스의 성공 이후, 우리 일상의 모든 영역에서 구독 서비스, 구독경제가 확장되고 있다고 해도 과언은 아닐 것이다. 미국의 4대 IT 기업인 MAGA(마이크로소프트, 애플, 구글, 아마존) 역시 구독 서비스를 제공하고 있다. 내용은 다음과 같다.

* 마이크로소프트

-〉 기존의 MS오피스에서 오피스365라는 구독형으로 전환했다.

(참고로, 2022년 3월 비즈니스 구독료가 인상된다. 10년 전 오피스365를 출시한 이후 처음이다.)

게임 구독 서비스 (XBOX Game Pass (엑스박스 게임패스))

* 애플 (Apple One 서비스)

-〉 기존의 하드웨어에 구독형 소프트웨어를 더하는 방식 추구.

애플뮤직 + 애플뉴스플러스 + 애플TV플러스 + 애플피트니스플러스 + 애플아이 클라우드 + 게임 구독 서비스 (애플아케이드)

= 모두 통합한 애플 원(Apple One) 콘텐츠 구독 서비스. (월 14.99달러)

* 구글 (구글 플레이)

-〉유튜브를 인수한 구글!

'유튜브 프리미엄'을 구독하면 광고 없는 영상을 볼 수 있다.

구글 원 서비스 - 동영상, 음악, 문서 등을 저장할 공간을 제공 받는다.

스마트폰에 저장된 데이터도 구글 원 앱을 통해 백업된다.

* 아마존

-〉아마존웹서비스(Amazon Web Services, AWS) 클라우드 컴퓨팅 플랫폼

아마존 프라임 (빠른 배송, 무료 배송 / 식음료, 뮤직, TV, 영화, 책, 잡지, 만화, 게임 등 디지털 콘텐츠 이용. 월 구독료 12.99달러)

세계적인 IT전문 리서치기관 가트너(Gartner)에 의하면, 2023년이 되면 직접 제품을 판매하는 기업 중에서 75%가 구독 서비스를 제공할 것으로 전망하고 있다고 하니, '구독경제' 시장은 대세 아닌 대세, 새로운 경제 흐름을 주도하는 키워드임이 확실해 보인다.

3

소유에서 구독으로
경제 패러다임이 바뀌다

'우버', '에어비앤비' 등 한동안 경제 트렌드로 주목받았던 '공유경제'는 뒷걸음질치고 있고 이제는 그 자리에 '구독경제'가 자리 잡고 있다. 왜 지금, '구독경제'가 열풍인가, 물음표를 던지는 사람들이 있는데, 전문가들에 따르면 이미 10여 년 전에 예견한 일이라고 이구동성으로 말한다.

그리고 앞서 얘기한 것처럼 조금씩 형태만 다를 뿐, 우리 생활 속에서 '구독'은 이미 자리 잡고 있었다. 코로나로 인해 비대면의 시대가 되면서 점차 다가오고 있던 구독경제 시대가 조금 더 앞당겨진 것이라고 할 수 있겠다.

이제 소비자들은 물건에 대한 구매나 소유를 선호하는 것이 아니라 서비스에 대한 다양한 경험을 원한다. 소유권의 시대는 점차 막을 내리고 내 손 안의 작은 세상, 디지털 플랫폼에 접속하는 시대가 온 것이다.

　2019년부터 거의 2년 가까이 코로나의 영향으로 많은 것들이 '비대면화'가 되면서 오프라인 거래는 어려운 일이 되어 버렸다. 월 2,900원의 '로켓 와우' 멤버십을 정기 구독을 하면 '로켓 배송' 즉, '빠른 배송'이라는 혜택이 주어지는 쿠팡의 압도적인 성공을 보면서 많은 기업이 잇따라 온라인 쇼핑이나 라이브 커머스 등의 이커머스 진출을 하고 있다.
　더 이상 오프라인 시장을 확장하지 않아도 되는 새로운 블루오션 시장이 생긴 셈이다. 이렇게 우리의 경제 흐름은 바뀌고 있다.

최근 10년 사이 우리의 경제 패러다임은 '소유'에서 '공유'를 거쳐 '구독'으로 바뀌고 있다. 아마도 빠르게는 4, 5년 사이에 우리가 사용하는 모든 영역이 '구독'으로 전환될 것이라는 분석 기사들이 쏟아져 나오고 있다.

그리고 실제로 새롭게 론칭되는 플랫폼이며, 저마다의 기업들이 선보이는 구독 서비스 모델들이 하루가 멀다 하고 속속 쏟아져 나오고 있다.

대표적인 인터넷 기업 네이버와 카카오가 최근 정기구독 서비스를 시작한 것만 봐도 알 수 있다. 두 기업은 충성 고객이 많은 인프라를 장점으로 내세워 구독 서비스를 시작했다. 네이버는 지난 8월 스마트스토어에서 정기구독 서비스를 적용했고, 카카오는 지난 6월 카카오톡을 활용한 구독 서비스 '구독 온(ON)'을 출시했다.

먼저 네이버의 서비스 출시 내용을 살펴보면 이렇다. 판매자들은 자신의 스토어 운영 상황과 상품 소비주기를 고려해 사전 고객 알림, 자동 결제, 배송주기를 설정할 수 있다. 한편 구독자들은 스마트스토어 상품에 활성화된 '정기구독' 버튼을 눌러서 원하는 배송 주기와 이용 횟수, 희망 배송일을 선택해 정기구독을 신청할 수 있다. 네이버쇼핑 이용자는 반복구매가 필요한 생필품이나 먹거리, 주기마다 교체가 필요한 상품을 저렴하게 구매하고 정기적으로 받아볼 수 있다.

　카카오의 '구독 온'은 별도 앱 설치 없이 이미 '국민 메신저'인 카카오톡을 기반으로 하는 것으로 유형의 상품뿐 아니라 청소, 세탁과 같은 무형의 서비스까지 다양하게 만날 수 있는 정기구독 플랫폼이다. 이용자는 '구독 온'의 마이(My)페이지 메뉴를 통해 구독하고 있는 상품 내역, 결제 스케줄 확인, 해지 신청 등을 종합적으로 관리할 수 있다. 카카오는 이 서비스 외에 콘텐츠 구독 플랫폼 카카오 뷰, 카카오톡 이모티콘 플러스, 카카오톡 톡서랍 플러스 등을 출시해 구독 서비스의 영역을 넓혀가고 있다.

4

밀레니얼 세대는
경험(서비스)을 구독한다

10여 년 전쯤으로 기억한다. 한때 젊은 여성들 사이에서 '잇 아이템'(꼭 가져야 하는 제품)으로 유명했던 명품 백, 일명 '지영이 백'이라 불렸던 '루이비통' 가방이 있었다. 그 가방을 갖지 않으면 나만 소외되는 것 같은 느낌에 무리하게 현금서비스나 대출을 받아서까지 구입할 정도로 많은 젊은 여성들이 갖고 싶어 했다는 가방이다.

그런데, 그토록 선망의 대상이었던 그 가방이 어느 순간 '3초 백'으로 불리기 시작했다. 길거리에 나가면 3초에 한 번씩 그 가방을 들고 다니는 사람을 볼 수 있다고 해서 '3초 백', 그리고 지영이라는 이름만큼 흔하다고 해서 '지영이 백'이라는 별명이 붙은 것이다. 명품 백 하나쯤 갖고 싶은 소유

| 구독경제 〈개념〉 쉽게 이해하기 |

욕에 대해서 누가 나무랄 수 있을까, 그것을 지적하려는 것이 아니다.

다만, 이제는 시대가 바뀌었다고 이야기하려는 것이다. 밀레니얼 세대는 제아무리 비싼 명품이라도 3초에 한 번씩 마주치는 가방보다는 빈티지라도 나만의 취향이 돋보이는 가방! 환경을 생각하는 문구가 적힌 에코백이라면 오히려 그것을 더 선호한다는 것이다.

말하자면 누구나 다 들고 다니는 똑같은 명품 백을 소유할 바에야 그 돈으로 나만의 개성이 드러나는 가방을 여러 개 구매해 다양성을 경험하는 것이 훨씬 더 합리적이고 효율적이라는 생각을 한다. 수천만 원에 달하는 자동차를 소유하기보다는 여러 회사의 다양한 자동차를 경험할 수 있는 공유를 선호한다는 것! 바로 이런 것들이 밀레니얼 세대의 특징인 것이다.

자동차를 이용하는 용도에 따라 변화를 추구하고 그에 따른 경험을 누리는 것, 그것이 주는 가치가 그들에게는 무엇보다 중요하다는 이야기일 것이다.

TV 예능 프로그램이나 유튜브 채널을 보면 트렌드를 읽을 수 있다. 최근 들어 '골프' 관련 프로그램이 급증하고 있다. 그만큼 우리나라 골프 인구가 점차 늘어나고 있다는 것을 매체들이 증명해주고 있는 셈이다. 한때는 일부 계층에 특화됐다거나, 중장년층의 전유물로 인식됐던 고급 스포츠 골프가 이제는 500만 명 시대가 열렸다고 하니, 골프의 대중화가 된 셈이다.

평범한 스포츠 종목 중 하나로 봐도 된다는 뜻이다. 문턱이 낮아져 2030 세대도 쉽게 접근할 수 있는 취미활동이 됐는데 이렇게 대중화가 된 스포츠임에도 불구하고, 여전히 골프 관련 지출은 부담스러운 것도 사실이다.

그런데, 다행히도 이제 막 골프를 시작한 '골린이'(골프+어린이=초보, 입문자)들에게 반가운 소식이 들려온다. 국내 카드사들은 여러 가지 혜택을 내놓으며 골린이들에게 자사 카드 사용을 유도하고 있다.

그뿐만 아니라 골프 스타트업들은 이커머스와 SNS 활용에 익숙한 밀레니얼 세대에게 맞춰 영업 전략을 시도하고 있다. 그중 하나가 렌탈 서비스로, 비싼 골프웨어 한 벌 살 돈으로 10벌을 입을 수 있도록 구독 서비스를 마련한 것이다.

안 그래도, 아직 경제적으로 여유가 없는 골린이들은 골프 장비, 강습료, 골프장 이용료, 골프복, 골프화 등… 돈 들어 갈 곳이 너무 많다. 하나하나 감당하기가 절대 쉽지 않아 보인다. 이런 골린이들을 위해 맞춤형 렌탈 서비스를 선보이고 있는 업체들의 발 빠른 전략은 시대의 흐름을 제대로 읽은 모습이라 하겠다.

밀레니얼 세대들은 이렇게 합리적인 소비를 추구하는 알 뜰족이 대세라고 하니 앞으로 우리 소비 시장의 핵심 주축인 이들의 패턴과 흐름을 계속해서 잘 살피는 것이 중요한 키워 드일 것이다.

더 많이 소유하고, 좋은 것은 반드시 소유해야 하는 것이 부의 척도로 여겨지는 때도 있었지만, (물론 지금도 그렇게 생각하는 부류들도 많지만) 경제 불황이 이어지면서 '소유'를 위한 판매나 구매는 현격히 줄어들고 있는 것이 사실이다.

소유에서 구독으로 넘어가는 길목에서 '공유'라는 개념이 뜨겁게 붐을 일으킨 적이 있었고, 지금도 물론 남아있는 영역이 있지만 결국은 '경험'을 중요하게 여기는 '이용'의 개념, 즉, '구독'으로의 인식 전환이 서서히 이루어지고 있는 것이 현재 상황이라고 할 수 있겠다.

무엇보다 효율성을 중요하게 여기는 라이프 스타일을 가진 밀레니얼 세대는, 확실히 기성세대의 그 누구보다 이 흐름에 가장 빠르게 흡수되고 있는 것 같다.

| 구독경제 〈개념〉 쉽게 이해하기 |

5

1인 가구의 증가는 무엇을 바꾸어 놓았는가?

'대가족'에서 이제는 '4인 가구'라는 말도 먼 이야기가 되어가는 듯하다. 우리나라는 물론이고 전 세계의 흐름이 1인 가구 중심으로 인구구조가 변하고 있다. 가족이 해체되고 있다. 인구는 점점 감소하고 있는데 가구는 늘고 있다.

그 이유에는 여러 가지가 있다. 젊은 세대는 학업과 장기화하는 취업난을 이유로 자취와 독립을 하고, 그러다가 비혼, 만혼, 결혼 이후에도 딩크족(정상적인 부부생활을 하면서 의도적으로 자녀를 갖지 않고 맞벌이를 하는 젊은 부부)으로 사는 가구도 늘고 있다. 기성세대는 이혼, 사별, 그리고 황혼 이혼 등을 꼽을 수 있다. 한편, 이 모든 것들은 겉으로 구분할 수 있는 표면적인 이유일 뿐, 결국은 개인주의가 확대되는 것이라고 해석하는 이들도 있다.

자의든, 타의든, 어찌 됐든 우리 사회의, 아니 전 세계의 1인 가구 증가는 계속되고 있다. 문제는, 어느 연령층이든 1인 가구가 되면 아무래도 경제력이 약화될 수밖에 없다. 그래서 라이프 스타일에 맞는 소비를 신경 써야 한다.

노후 걱정에 따른 투자나 저축 등 재테크도 신경 써야 한다. 이래저래 신경 쓸 것이 오히려 더 많아진다. 나를 돌보고 지켜야 하는 사람이 나뿐이기 때문이다. 이러한 문제는 고령으로 갈수록 더욱 중요해진다. 대신 해결해줄 사람이 없다. 오롯이 나의 몫이다. 여기에서 발생하는 문제들, 이것들을 과연 넋 놓고 바라만 볼 것인가? 아니다. 내가 주체가 되어 미리 고민하고 준비하고 실행에 옮겨야 한다.

물론, 도와주는 손길은 언제나 있기 마련이다. 그것이 사회가, 기업이 존재하는 이유이니까. 그리고 당연히 이미, 그것들을 맞춤형으로 해결해주는 서비스들이 여러 기업을 통해 발 빠르게 제공되고 있다. '구독 서비스'라는 이름으로 우리 앞에 하나둘 구현되고 있고, 앞으로도 계속 그럴 것이다.

시대는 이렇게 바뀌고 있다. 이미 관심 있는 사람들은 요즘 쏟아지는 TV 광고만 봐도 알 것이다. 짧은 15초, 20초 광고 안에서 이미 '구독'과 '메타버스'라는 단어가 얼마나 많이 나오고 있는지. 아직은 낯설게 느껴질 수 있는 이 단어들, 그러나 곧 익숙해질 이 단어들의 세계로, 메타버스 시대로 우리는 가고 있다. 그리고 이 이야기는 2장, 3장에서 계속 이어가 보자.

1인 가구가 증가하면서 대표적으로 달라진 것을 한마디로 표현한다면 '소형화'이다. 보편적으로 사는 집의 규모, 주택이 작아지고, 마트나 편의점에서 구매하는 생필품의 규모가 점점 작아진다.

대가족이 살 때는 대형마트에서 많이 살수록 할인해주는 제도를 이용해 대량 구매를 선호했다면 이제는 그럴 필요가, 그럴 이유가 없어졌다. 많이 사서 오래 둬봤자 먹지도 못하고 냉장고 안에서 유통기한을 넘겨버린 음식물들은 결국 쓰레기통으로 가는 신세가 되어버리기 때문이다.

이를 파악한 식품 관련 업체들은 1인 가구를 위한 간소 식품을 상품화해서 내놓았고, 조금 가격이 비싸더라도 낱개 상품을 내놓기도 했다. 그리고 이를 소비하는 입장에서도 싼 가격에 많이 사서 버리는 것과 별반 다르지 않으니 기꺼이 조금 비싼 낱개 상품을 사는 것이다. (혹은 공동 구매해서 나누는 알뜰족도 많다) 젊은이들을 공략한 편의점에서는 간편식 형태의 식품이 인기를 끌게 됐고 코로나 시국이 되면서는 1인 가구는 물론이고 비대면화를 원칙으로 하다 보니 밀키트(식사(meal) 키트(kit)라는 뜻으로 요리에 필요한 손질된 식재료와 딱 맞는 양의 양념, 조리법을 세트로 구성해 제공하는 제품)나 배달 음식이 인기를 끌었는데 마찬가지로 배달음식 메뉴 중에서 '1인 메뉴'도 단연 인기다.

가령, 치킨 한 마리를 기본으로 꼭 시켜야 하는 것이 아니라 '반 마리'만도 가능하게 한 것은 1인 가구의 니즈를 충족시켜주는 지혜로운 영업 전략이 아닌가 싶다. 브런치 카페의 샐러드 메뉴도 마찬가지다. 샌드위치와 커피, 샐러드와 음료를 세트로 해서 1인 메뉴로 제공하니 출근길 바쁜 직장인들이나 재택 근무하는 사람들의 조식 메뉴로 아주 딱 맞다.

빨래는 어떤가? 혼자 사는 데 매일 빨래하는 사람이 과연 얼마나 있을까?
아마 3, 4일에 한 번, 일주일에 한 번 몰아서 하지 않을까? 요즘은 세탁기며 건조기도 좋은 제품이 많으니 빨랫감

넣어놓고 버튼만 터치하면 알아서 다 해주니 나중에 밀린 드라마나 영화 보면서 빨래 개는 것만 하면 될 것이다.

그마저도 귀찮으면 24시간 셀프 빨래방에 맡기면 될 것이고, (요즘은 빨래방도 멀티 방으로 진화하고 있다. 카페와 콜라보를 하기도 하고, 무인 카페, 무인 아이스크림 매장 등 고객의 기다리는 시간을 지루하지 않게 다양한 모습으로 바뀌고 있다) 그마저도 일이다 싶으면 집 앞까지 와서 수거해가고 또 세탁 후 배달해주는 모바일 세탁소를 이용하는 것도 방법이다.

이처럼 1인 가구는 직접 하는 요리나, 청소 등의 집안일에 들어가는 시간을 아끼고 출퇴근 시간에 들어가는 시간을 아껴서 자신에게 투자하는 것을 더 선호한다. 자신이 좋아하는 취미활동을 하는 데 시간과 돈과 에너지를 아끼지 않는다. 이러한 현상은 젊은 세대일수록 뚜렷하게 나타난다.

아직 경제활동을 하는 1인 가구라면 내가 가장 중요하기 때문에 무엇을 하든 가장 효율적인 방법을 찾기 마련이다. 내가 가장 즐겁고 행복해지는 방법을 우선적으로 찾을 것이다.

나에게 다양한 경험을 주는 것들에 흔쾌히 마음을 내어줄 것이고 그것들에 가치와 의미를 부여할 것이다. 흔히 말하는 가성비와 가심비가 맞아떨어진다면 과감히 투자할 것이다. 그러나 이런 결정을 하기까지 혼자의 힘으로 쉽지 않을 때가 있다. 선택이라는 것은 늘 어렵고, 우리에게는 늘 많은 선택지가 놓여 있을 때가 있다. 그 앞에서 우물쭈물, 혹은 고민하는 그 시간이 아까워서 누군가의 도움을 간절히 바라기도 한다.

결정 장애라는 말이 왜 생겼을까? 아니, 짬짜면, 탕짜면, 볶짜면 등… 중국집의 반반 메뉴는 왜 나왔을까? 이것도 먹고 싶고, 저것도 먹고 싶은, 선택의 어려움을 겪는 이들을 위해 나온 메뉴의 콜라보, 이런 것이 바로 고객을 위한 서비스, 노력, 연구가 아닐까 싶다.

사실 이 정도만 해도 이미 익숙해진 고객 서비스의 모습이다. 지금은 '큐레이션'이라는 이름으로 각 기업이나 플랫폼에서 자사의 제품이나 서비스를 고객 맞춤형으로 제공하고 있다.

선택의 여지가 없으면 우리는 눈앞에 있는 그것만 고르면 된다. 그런데 우리로 하여금 고민하게 한다는 것은, 그만큼 선택할 것이 많다는 이야기가 된다.

행복한 고민이든, 머리 아픈 고민이든, 쉽지 않다. 힘들다. 최상의 것을 얻기 위해 일일이 비교해야 하니 시간이 오래 걸린다. 그리고 내가 고른 그것이 최선이고 최상인지 장담할 수 없기에 선택한 후에도 마음을 놓을 수 없다.

그런 과정 자체를 즐기는 사람도 있지만, 생각하기에 따라 귀찮은 일이자 시간 낭비로 여기는 사람도 있다. 그런데 요즘은 기술의 발달로 데이터가 쌓이고 그것을 기반으로 알고리즘이 형성된다. 소비자의 니즈를 파악하는 것이 가능해졌다.

가령 포털 사이트에서 평소 궁금했던 제품 하나, 혹은 사고 싶은 물건 하나를 검색했을 뿐인데, 그다음 스마트폰에서 SNS를 열 때마다 혹은 포털을 검색할 때마다, 내가 잠시 검색했던 관련 제품과 연관된 광고가 뜨는 것을 알 수 있다. IT 강국답게 우리의 정보 기술이 개인의 필요를 파악하고 분석하는 것이 그리 어렵지 않은 일이라는 이야기일 것이다.

1인 가구의 증가에서 간과해서는 안 되는 것이 있다. 바로 60세 이상의 1인 가구 증가 비율이 빠른 속도로 증가하고 있다는 것이다.

지난 7월에 통계청이 발표한 '2020년 인구주택 총 조사 결과'를 보면 우리나라의 65세 이상 고령인 1인 가구는 2015년 122만 명에서 2020년 166만 명으로, 최근 5년 새 36% 가까이 증가했다고 한다.

　또한, 65세 이상 노인 다섯 명 중 한 명은 배우자나 자녀 없이 홀로 사는 것으로 조사됐다고 한다. 혼자 사는 젊은 세대도 그렇겠지만 이들의 가장 큰 문제점은 무엇일까? 나 혼자 사는 사람들의 문제점이란? 아마도 외로움일 것이다. 아무리 기술이 발달하고 인공지능이 모든 것을 해결해주는 시대에 산다고 해도 인간 본연의 외로움과 고독감까지는 결코 해결이 안 될 것이다.

　이 지점에 대해서 우리는 깊이 고민해야 한다. 이 책을 쓰게 된 것도 사실은 이 이야기가 시작점에 있었다. 함께 생각하고 고민하기 원하는 이 이야기는 2장, 3장, 4장으로 가면서 조금씩 확대될 전망이다.

우리의 일상은
이미 구독 서비스로
이뤄지고 있다

아침에 일어나 현관문 앞에 나가보면 전날 주문한 쿠팡의 '로켓 배송' 신선식품이 '프레시백' 안에서 주인을 기다리고 있다. 집 안으로 제품을 들여놓고 그 안에 아침 식사용으로 주문한 '밀키트'가 있다면 간단히 조리하는 동안 역시 월정액으로 구독하고 있는 음원 스트리밍 서비스 '멜론'에 접속해 플레이리스트를 재생, 음악으로 하루를 시작한다.

만약에 재택근무를 하는 날이라면 출퇴근 시간이 줄어드는 것이니 그 시간을 이용해 '넷플릭스'를 보는 여유를 누릴 수도 있겠다. '핫'하다는 시즌제 드라마를 앉은 자리에서 다 정주행을 하지는 못하더라도 최소 1화 정도는 보는 시도를 해볼 수 있을 테니 이런 것이 소위 젊은이들이 말하는 '개꿀' 아닐까? (아니, 이럴 줄 알고 어젯밤에 넷플릭스를 봤을 테니 조금이라도 늦잠 자는 것을 택했으려나?) 그런 다음, 양심이 있으면 이제 일을 해야 한다. 얼른 업무 모드로 전환! 장소가 회사든, 집이든, 카페든, 어디든 중요하지 않다. 이제는 내가 맡은 일만 충실하게 해내면 된다.

오전 시간이 훌쩍 지나 점심시간이 되면 먼저 회사일 경우 근처 패스트푸드점이나 식당에 가서 종업원과 대면 주문 대신 '키오스크'를 이용해서 해결하고 이후 근처에 있는 카페에 가서 '사이렌 오더'로 주문, 바로 메뉴를 픽업해서 사무실로 들어온다. 혹은, '배달의 민족'에 배달소요 시간을 계산해서

미리 주문, 비대면으로 메뉴를 받아 순번대로 식사를 해결하는 것이 요즘의 모습일 것이다.

만약 재택근무를 하는 경우라면 오전에 '줌(zoom)'을 통해 업무 논의를 한다. 이후 시간은 자율적으로 업무를 할 것이다. 이어서 관련 업무의 일환으로, 혹은 취미생활의 일환으로, 전자책 구독 서비스인 '밀리의 서재'를 찾을 수도 있고, '유튜브 프리미엄'을 구독한 사람이라면 광고 없이 원하는 영상을 볼 수도 있겠다.

퇴근 후 집에 오면 생수며, 쌀이며, 휴지며 기타 등등 식음료와 생필품 떨어진 것들이 보여서 다시 쿠팡에 접속, 필요한 것들을 장바구니에 담는다. '정기 배송'하는 것이 있다면 클릭 한 번으로 해결하고, 자주 구매한 것들을 알려주는 '알림' 메시지를 보면서 집안 곳곳을 다시 한 번 훑어본다. 당장 필요하지 않은 물건들도 접속한 김에 한 바퀴 둘러보면서 이것저것 담는다.

내일 아침이면 현관문 앞에 쌓여있을 나의 일용할 양식들! 만약 렌탈하고 있는 가전제품들이 있다면 필터나 부품의 교체 시기와 관리 주기도 체크하는 등 '알림' 메시지를 살펴보는 것도 놓치지 않는다.

그 사이 넷플릭스와 멜론의 월정액이 지불됐다는 카드사

| 구독경제 〈개념〉 쉽게 이해하기 |

의 이용요금 문자 메시지가 도착할 수도 있다. 그뿐인가, 스마트폰의 기계 값을 포함한 한 달 이용료 청구서까지 날아올 수도 있다. 이 또한 정기 구독의 다른 이름이다.

문득 궁금해진다. 과연 우리는 이것들을 이용 금액만큼 이 달에도 잘 활용하긴 한 것일까? 그런데 이런 생각도 잠시, 해지할 마음은 없다는 사람들이 많은 것 같다. 돈을 낸 만큼 더 많이, 더 제대로 이용하고 싶어 하는 것 같다. 이들이 제공하는 구독 서비스가 아직은 가치가 있다는 이야기일 것이다. 이 서비스 안에서 누리는 경험이 재미있다는 이야기로 해석해도 무방할 것이다.

위의 이야기는 요즘 2030 세대는 물론 4050 세대까지 대략 공통으로 이용하고 있는 구독 서비스들을 하루 일과에 녹여낸 것이다. 물론 가상으로 만들어 본 것이다. 하지만, 이미 실제로 이렇게 생활하고 있는 사람들도 많다. 그리고 앞으로 1인 가구의 사람들은 이렇게 살아갈 확률이 아주 높다.

사람마다 약간의 가감은 있겠지만 코로나 시국을 지나오면서 대다수의 사람이 자주 사용하는 것으로 쿠팡과 넷플릭스를 꼽을 수 있다. 2030 세대들은 넷플릭스, 왓챠, 멜론, 밀리의 서재 등 영상이나 음원 스트리밍인 콘텐츠 관련 구독 서비스에 가장 많은 소비를 하고 있고, 4050 이후 세대들은 대체로 식음료, 생필품의 정기배송을 비롯해 정수기, 안마의 자 등 가전제품을 렌탈하는 구독 서비스에 가장 많은 소비를 하고 있다는 조사 결과를 심심찮게 볼 수 있다.

그 누구도 "나 요즘 이것저것 구독해!"라고 말하지 않지 만, 다들 이미 구독의 세계에 진입했고, 앞으로도 더 많은 플랫폼 기업과 제조사들은 우리를 구독의 세계로 인도할 것 이다. 이미 광고를 통해, 광고 안의 임팩트 강한 이미지를 통 해, 언론에서 쏟아지는 기사를 통해 우리는 그런 시대 흐름 을 따라갈 수밖에 없게 됐다. 혼자서 살아갈 수 있는 세상이 아니니까.

그런데 여기에 과연 문제는 없는 것일까? 그렇지 않다. 모 든 현상에는 양면성이 있다. 좋은 것이 있으면 당연히 아쉬 운 부분이 있기 마련이다. 구독경제라고 예외는 아니다. 제 대로 알아야 구독경제의 좋은 점을 두 배로 누릴 수 있다. 반 대로 제대로 알지 못하면 속된 말로 '호구'가 될 수 있다. '호 갱님'이 되지 않도록 정확하게 알아야 한다.

| 구독경제 〈개념〉 쉽게 이해하기 |

구독 서비스 모델의
분류

　기술의 발전 속도는 놀랍고 유행은 너무 빨리 변하며 덩달아 사람들도 기다리는 것을 못 참는 일이 많아진다. 가령, 디지털기기에 익숙한 세대들은 영상 세대이다 보니 아무래도 호흡이 짧다. 기사 내용이 너무 많아서 스크롤 내리는 것이 힘들면 읽는 것을 포기하는 경우가 많다. 동영상을 볼 때 화면 끊김 현상 등의 버퍼링이 생기면 그 잠깐도 못 견뎌 할 때가 많다. 기성세대라고 크게 다르지 않을 것이다. 어쩌면 '빨리빨리'에 익숙한 우리나라 사람들의 정서가 깔린 탓도 있지 않을까 싶다.

　시대는 그렇게 변해간다. 그 속도가 너무 빨라서 가끔 숨이 찰 때가 있다. 한편에서는 '느림의 미학'을 강조하면서 천천히 가기, 느리게 살기를 강조하는데 과학은, 기술은 점점 진보하고 진화한다.

느리게 천천히 살고 싶어서 제주도 한 달 살기를 꿈꾸고, 올레길을 걷고, 아름다운 우리나라 곳곳의 산책길을 걷는 자유로움을 누리고, 이제라도 워라밸(Work and Life Balance)을 외치며, 저녁이 있는 삶을 실천하겠다는 의지로 사람들은 한때 밖으로, 자연 속으로 나가고 싶어 했다. 그렇게라도 느리게 살기를 소원했다. 그동안 잃어버린 나에게, 나의 삶에 충실하기를 소망했다.

| 구독경제 〈개념〉 쉽게 이해하기 |

그러나 최근 2년 사이 우리는 그 자유와 평화로운 일상을 잃어버렸다. 집 안으로 꼭꼭 숨어들 수밖에 없었고, 그 안에서 할 수 있는 것들을 겨우겨우 찾을 수밖에 없었다. 어쩌면 이전부터 있었던 '구독'의 개념이 이렇게 재탄생 혹은 부활한 것은 이런 변화의 물결에서 기인한 탓도 있는지 모르겠다.

이제는 구독경제의 개념이 무엇인지 커다란 그림 정도는 그려지지 않았을까 싶다. 굳이 단어로, 용어로 정리하지 않아도 우리는 이미 다 알고 있었고 생활 속에서 이용하고 있었던 것들이라 구독 서비스의 모델을 구분하는 것도 그다지 어렵지 않을 것 같다. 구독 서비스의 모델은 다음의 세 가지 서비스로 나눌 수 있다.

* **무제한형 서비스 – (월) 정기적으로 이용료를 지불한 뒤 무제한으로 영화, 음원, 전자책 등의 스트리밍 사이트를 이용하는 서비스** (* 대표 모델 – 넷플릭스)

* **정기배송형 서비스 – 정기적으로 이용료를 지불한 뒤 식음료나 생필품 등을 지정한 날짜에 정기적으로 받는 서비스** (* 대표 모델 - 쿠팡의 로켓 배송)

* 렌탈형 서비스 - 정해진 기간동안 상품을 대여할 수 있는 서비스. 가전제품 (정수기, 안마의자, 비데) **/ 자동차** (현대 셀렉션)

앞에서 우리나라 사람들은 '빨리빨리'에 익숙해져 있다고 이야기했다. 이 말은 고민도 빨리, 선택도 빨리, 결정도 빨리 하기를 원한다는 이야기일 수 있다. 내가 뭔가를 구독하고 싶을 때 시간이 오래 걸린다거나 가입 절차가 복잡하다거나 비교 대상이 너무 많아서 나로 하여금 고민하게 만든다면 그것은 구독자 입장에서는 좋은 제품이나 서비스가 아닐 것이다.

그렇다면 그것을 제공한 기업이나 플랫폼은 다시 고민해야 할 것이다. 하지만 요즘은 세상이 좋아졌다. 우리의 IT 기술은 세계가 인정하는 수준이다. '빅데이터'에 의해 개인화, 즉, 맞춤형 서비스가 가능해졌다. 원하는 제품이나 서비스가 있다면 이용자는 구독만 하면 된다.

현재까지는 DB(데이터베이스)를 많이 가진 기업이 우세하다 보니 몇몇 거대 플랫폼 기업이 앞서 나가고 있는 것은 당연한 일이다. 여기에 과학적 분석 기술은 나날이 발전하고 있으니 개개인의 취향이 더해진 맞춤형 구독 서비스는 더욱 진화할 것이고, 이것이 흔들리지 않는다면 고객이 서비스를 해지하는 일은 극히 드물 것이다. 물론 그사이 이 모든 것들을 뛰어넘는 경쟁 상대가 생겨나면 고객은 당장에라도 갈아탈 수 있으니 언제까지고 방심할 수는 없을 것이다.

그렇다면 어떻게 해야 할까? 고객과 제조사, 플랫폼 기업 모두가 원원(win-win)할 방법은 과연 무엇일까? 서로에게 도움이 되는 관계가 되도록 만드는 것이 정말 중요하다. 그렇기 때문에 우리는 끊임없이 공부하고 노력하는 자세가 필요하다. 이 태도를 결코 가볍게 생각해서는 안 된다.

8

구독 서비스의
플러스와 마이너스
(장, 단점)

이미 저만큼 앞서가고 있는 플랫폼 기업도 그렇고, 이제 시작하는 기업들도 마찬가지일 것이다. 구독경제는 제대로 준비하지 않으면, 서로에게 상처만 남길지 모른다. 준비를 꼼꼼하게 잘해야 상상 이상의 것을 얻을 수 있는 새로운 기회로 만들 수 있다. 그러기 위해서는 '차별화'가 관건이다. 그냥 준비하면 안 된다. 다른 기업들이 하니까 나도 따라 하는 것은 한계에 다다르면 그냥 끝이다. 구독자가 어느 날 느닷없이 서비스를 해지하면 방법이 없다. 게다가 그런 구독자가 순식간에 늘어나면 곤란하다. 대책이 없다. 그만큼 구독 서비스에 있어서 가장 중요한 것은 '고객 이탈 방지'이다.

고객은 언제든지 떠날 준비가 되어 있는 사람들이다. 지금 당장 좋다고 해서 계속 끝까지 영원히 함께한다고 약속한 사람들이 아니라는 말이다. 반면, 이 구독 서비스가 나에게 필요하고, 나를 그 누구보다 잘 알고, 내 생각을 꿰뚫어 볼 만큼 앞서간다고 판단하면 굳이 해지할 이유를 찾지 못한다.

한 달에 몇 번 이용하지 못하더라도 다음 달에 이용하면 되기 때문에 굳이, 당장, 해지하지 않는다. 다음 달에 지금 이용하지 못한 것까지 '몰아보기' 할 수 있는 서비스까지 있기 때문에 오히려 그날을 손꼽아 기다리면서 기꺼이 월정액을 낸다.

그런 서비스만으로도 충분히 보상받았다는 심리적 위안을 느낄 것이다. 필요한 서비스를 제공해주고 수시로 구독자의 니즈를 만족시켜주면 고객 이탈 방지 문제는 걱정할 이유가 전혀 없다.

이것은 무제한 콘텐츠형에 해당하는 이야기로, 애초에 구독자가 서비스를 이용할 때 가입이 쉬워야 한다. 당연히 해지도 쉬워야 한다. 넷플릭스가 성공한 원인 중의 하나가 '1개월 무료체험'을 선보인 것이다. 낯선 여행지에 갔을 때 분위기 파악할 시간이 필요한 것처럼, 새로운 친구를 만났을 때

적응할 시간이 필요한 것처럼, 그렇게 가벼운 마음으로 들어와 한 바퀴 둘러보게 만드는 것이 중요하다. 나에게 맞는 콘텐츠인지 아닌지 처음부터 알 수 없기 때문이다.

그러다가 어느 하나 꽂히는 것이 있으면 그것을 이유로 주저앉을 수도 있고, 나중에 다시 올 수도 있다. 드나드는 출입구가 불편하지 않아야 누구라도 자유롭게 오갈 수 있다. 상황에 따라 가입도, 해지도 부담 없이 자유롭게 만든 것이 구독자로 하여금 '너와 내가 갑을관계가 아니다'라고 말해주는 것 같아서, 마치 어디에도 종속됐다는 느낌 없이 기꺼이 즐겁게 즐기는 것이 아닐까?

이제 우리는 어떤 구독 서비스가 됐든 '자동 해지'가 전제된 '1개월 무료체험'이라면 어느 정도는 그 유혹에 빠져줄 준비가 돼 있다. 그렇게 그 서비스에 안착하게 되면 일단은 충성고객으로 갈 확률은 높아졌다고 봐도 무방하다.

신규 고객을 한 명 확보하는 것보다 기존의 안착한 구독자를 잡아두는 것이 훨씬 이득이라는 것을 잘 아는 기업 입장에서는 그 구독자가 절대 이탈하지 않도록 끊임없이 개인 맞춤형의 서비스를 제공할 테니까 말이다.

| 구독경제 〈개념〉 쉽게 이해하기 |

정기배송형 서비스를 선보이는 대표적인 플랫폼 기업 '쿠팡'의 경우를 보면 빠르다는 장점을 내세운 차별화로 압도적인 성공을 이뤄냈다. 아침에 주문하면 저녁에 도착하고, 밤 늦게 주문해도 다음 날 새벽이면 도착하는 '로켓 배송' 덕분에 신선식품과 생필품을 받는다. 코로나가 처음 시작됐을 때 마트나 시장에 가는 것을 꺼리던 사람들은 너도, 나도 할 것 없이 쿠팡으로 모든 생필품을 주문하기 시작했다.

시간이 흐른 지금은 방역 수칙을 지켜가면서 오프라인 매장에 가서 요령껏 주문해도 되는 것을 습관이 참 무섭다. 사람들은 어느새 스마트폰을 들고 쿠팡에 접속해 마치 늘 그래왔던 것처럼 주문을 한다. 그런 가정들이 참 많이 늘어났다. 현관문 앞까지 빠르게 가져다주는 편리함에 푹 빠진 것이리라.

그 바람에 불필요한 박스 포장과 비닐 포장이 늘어나는 것을 보면서 환경 문제가 대두되기도 했는데, 그 심각성에 대해서는 함께 고민하되, 여기서 다루지 못함은 이해해주기 바란다.

정기배송형 구독 서비스의 경우, 자주 애용하는 제품에 대해서 보다 싼 가격에 구매, 정기적으로 배송 받아 사용할 수 있다면 이는 기업과 고객 사이에 서로 윈윈 하는 전략일 것이다. 여기에 해당하는 구독자들을 평생 고객으로 만들기 위해 어떤 또 다른 전략을 연구하고 있을지 기업들의 반짝이는 아이디어를 기대해본다.

렌탈형 서비스의 경우는 가격이 꽤 나가는 가전제품이나 자동차 렌탈이 대표적이다. 부담 없이 소유하기에는 어느 정도 고가의 정수기, 공기청정기, 비데, 침대 매트리스 등을 일정 기간 대여해 사용하고 때마다 관리 받는 서비스는 나름 매력적이다. 굳이 소유하지 않아도 사용하는 동안은 내 것처럼 누릴 수 있으니 이런 경험도 괜찮다고 여기는 것이다.

자동차 렌탈의 대표 모델인 현대 셀렉션의 경우, 구독 서비스 신청이나 취소가 간단하고 용도에 따라 차량 교환이 가능하다는 장점 때문에 다양한 경험을 중요하게 여기는 젊은 세대들에게는 충분히 획기적이고 매력적인 장점인 듯하다.

렌탈형을 제외한 위의 두 가지 모델은 '알고리즘'에 의해서 끊임없이 비슷한 것들을 추천한다. 내가 이미 본 것, 이미 구입한 제품과 비슷한 것들을 내 앞에 보여주면서 '나 너를 위해서 이렇게 노력하고 있다'라고 말하는 것 같다. 그러면 그

노력이 가상해서 비교 제품들을 들여다보게 된다. 그러다가 그중에서 뭔가를 또 장바구니에 담기도 하고.

다만, 콘텐츠형이나 정기배송형 서비스의 경우와 달리 렌탈형 서비스는 AI라는 인공지능 영역에만 모든 것을 맡기기에는 한계가 있다. 빅데이터 기술이 구현해내는 맞춤형 서비스만으로는 놓치는 부분이 나올 수 있기 때문이다.

우리가 유튜브나 SNS를 하다 보면 마치 파도타기 하듯 '알고리즘'의 추천에 의해 나도 모르는 사이 내가 의도하지 않은 어떤 세계에 놓여 있을 때가 있다. '알고리즘'이 이끌어 온 것이다. 그런데 그것이 100% 일치하기란 만무다. 대체로 그럴 수는 있어도 완전히 그럴 수는 없다. 물론 사람이 한다고 해서 100% 완벽하게 해낸다는 보장도 물론 없다. 그렇기 때문에 렌탈형에 있어서만큼은 기계에 다 맡기는 것은 무리라고 본다.

렌탈형에는 정수기, 공기청정기, 비데, 침대 매트리스 등 우리의 건강과 잠 등의 실생활과 밀접한 고가의 가전제품들이 많기에 꼼꼼한 피드백을 통한 제품의 개선과 보완이 정말 중요하다. 단순한 제품 추천이나 고객의 리뷰에서 끝나는 것이 아니라 서로 간에 깊은 공감을 나눌 수 있어야 한다.

그렇기에 '사람'의 관리가 무엇보다 중요하다. 알고리즘이 놓치는 부분을 전문가가 세심하게 관리해줄 때 비로소 렌탈 서비스가 완성된다. 내가 서두에서도 이야기한 바 있듯이 코웨이 정수기 렌탈 사업을 할 때 '코디'라는 전문가의 도입이자 방문 관리 시스템을 도입한 것은 그만큼 '사람'의 터치, 기술이 닿지 않는 영역을 휴먼 터치로 완성할 때 비로소 모두다 웃을 수 있기 때문이다.

전문가의 진심 어린 안목이 담긴 추천이 플러스 되어야 고객에게 신뢰를 심어줄 수 있고 그것은 곧 충성고객으로 연결되기 때문이다. 고객 입장에서도 결국은 이것이 더 이득이고 훨씬 편리하기 때문에 당연히 장기적인 고객 확보를 약속해줄 수 있다.

2장

구독경제 〈전략〉
제대로 파악하기

구독경제의
핵심 전략은
맞춤이 기본

'구독경제' 시장에 있어서 '한국이 기회'라는 이야기를 나라 밖에서 많이 한다. 그도 그럴 것이 데이터 기반의 디지털 역량이 충분해야 하는데 이 분야는 우리나라가 단연 최고이기 때문이다. IT 강국이라는 말이 괜히 나왔겠는가.

나날이 발전해가는 인공지능과 빅데이터를 통한 맞춤형 활용이 가능하기에 어떤 구독 서비스를 이용하든 얼마든지 개인의 니즈를 충족시켜 주는 맞춤형 서비스를 제공한다는 장점이 있다. 그리고 바로 이것이 구독경제 핵심 전략의 시작이자 끝이다. 전부라고 말할 수 있다. 그만큼 가장 중요한 포인트인 셈이다.

현대인은 외롭다

기성세대들은 아무래도 튀는 것보다는 보편적인 것, 평범한 것, 남들 다 하는 것, 남들 다 있는 것을 선호하는 편이다. 하지만 요즘 젊은 세대들은 그렇지 않다. 다른 사람과 똑같은 것보다는 나만의 특별함이 있는 것을 선호한다.

비싸고 저렴하고의 문제가 아니다. 나만의 개성을 존중받고 싶고, 취향을 존중받고 싶다. 디지털 시대를 살지만 아날로그 감성, 레트로 감성에 빠지는 모습을 존중받는 모습이나 때로는 희소성의 가치! 그것에 반응한 자신을 알아봐주면 더더욱 좋다.

그러나 이 두 세대에게도 공통점이 있다. 누가 먼저랄 것도 없이 내가 먼저 손 내밀기 전에 알아서 나를 챙겨주고 알아봐주면 다들 좋아한다. 내가 먼저 이것이 필요하다고 말하기 전에, 찰떡같이 그것을 챙겨 들고 찾아와주면 고맙다. 나의 필요를 냉큼 알아봐주면 무척 감동한다. 그 마음을 알아채주면 눈물겹다. 어째서일까? 현대인은 그만큼 외롭기 때문이다. 굳이 먼저 꺼내 보이지 않은 속마음까지도 알아봐주는 센스!

'구독경제의 핵심 전략은 맞춤이 기본'이라는 말에는 제품이나 서비스가 '맞춤'이라는 것을 뜻하지만, 그 전에 이미, 구독자의 속마음 그 너머까지도 들여다 볼 수 있는 센스까지 장착하고 있어야 한다는 뜻이기도 하다. 결코 어렵지 않다. 진심만 있으면 된다. 진심은 어디서든, 누구에게든 통하기 마련이니까.

이런 모습은 렌탈형 구독, 즉, 고객과 직접 소통하는 구독 서비스를 통해 여실히 드러난다. 맞춤과 진단이라는 서비스를 얻기 위해 소비자, 즉, 구독자는 구독 비용을 기꺼이 지불하고 그에 상응하는 제품이나 서비스를 얻는다.

오로지 나만을 위해 만들어진 특별한 제품과 서비스라니! 그러니 한 번 구독의 세계에 발을 들이면 맞춤형 구독 서비스에서 빠져나올 수가 없다. 이를 위해 기업이나 큐레이션은 고객과 직접 소통하며 데이터를 수집한다. 고객과 직접 연결되어 니즈를 파악하기 때문에 제품이나 서비스가 그들에게 기대 이상의 감동을 줄 정도로 완벽해진다. 당연히 그럴 수밖에 없지 않겠는가!

구독자 입장에서 생각해보자. 내가 무언가를 구독한다고 했을 때 '그런 걸 왜 구독해?' 이런 소리는 절대 듣지 말아야 한다. 그런 것은 구독할 필요가 전혀 없다. 반대로 '어머, 그런 것도 구독해? 놀라운데?' 이런 소리를 들을 수 있으면 정말 좋다. 최소한 창피하지 않아야 하고 최대한 자존심을 높여줘야 한다. 신뢰를 주고 프리미엄을 즐기게 해줘야 한다.

개개인을 위한 소량의 맞춤형 가능

최근, 소비자를 중심으로 개개인의 니즈에 맞춰 제작된 상품을 제공하는 구독 서비스가 점차 증가하고 있다. 고객의 건강상태와 피부상태, 나이, 계절, 취향에 따라 개개인에게 맞는 제품을 만들어 주고 있다. 그도 그럴 것이 기술이 날로 발달하다 보니 대량의 데이터를 수집하고 분석하는 기술로 인해 고객의 니즈를 파악하는 것이 한결 수월해졌기 때문이다. 급기야 제조기술 발달로 제조라인의 유연성이 높아지면서 이제는 예전과 달리 소량의 제품도 생산하는 시스템이 마련된 것이다.

참 반갑게도 샴푸를 포함한 뷰티 제품, 화장품, 건강 기능식품, 커피, 당뇨 환자를 위한 식품 등 개개인을 위한 소량의 맞춤형이 얼마든지 가능해졌다. 무엇보다 유전자 검사를 통해 자신에게 필요한 이것들을 추천받을 수 있게 됐다. 기술의 발전이 새삼 놀랍다.

DNA 라이프 스타일 컨설턴트

흔히, 유전자 검사라고 하면 드라마를 많이 본 탓일까? 친자확인을 할 때 주로 하는 것으로 생각하는 경우가 많다. 하지만 그렇지 않다. 이제는 시대가 변해 유전자 검사를 하게 되면 '웰니스(Wellness) 영역'에서 많은 도움을 받을 수 있다.

가령 A라는 사람에게 좋은 건강식품이 나에게는 안 좋을 수 있고, C라는 사람에게 좋은 화장품이 나에게는 트러블을 유발할 수 있기 때문에 자신의 현재 상태와 유전적 소인을 분석해 정확하게 파악하는 것이 무엇보다 중요하다. 그리고 그것을 제대로 알기 위해서 한 번쯤은 유전자 검사를 시도해 보는 것도 좋은 방법이 된다. 나도 몰랐던 나를 정확하게 알게 될 수 있으니까.

생각보다 유전자 검사 방법도 어렵지 않다. DTC(Direct to Consumer)라고 해서 병원을 거치지 않고 개인이 직접 유전자 검사기관에 의뢰해 유전자 검사를 받는 서비스다. 혈액검사도 아니고 타액을 튜브에 담아 보존액을 넣어서 연구소에 보내면 2주 정도 후에 결과가 나온다.

우리 정부는 2016년에 이 법을 허용했다. 그리고 한국유전자협회는 발 빠르게 DTC 검사 결과 보고서를 기반으로 해서 고객의 라이프 스타일을 전반적으로 컨설팅해줄 수 있는 콘텐츠, 그러니까 유전자 전반의 이론과 상담에 필요한 콘텐츠를 개발했다. 이어, 라이프 스타일 영역별 전문가를 양성하기 위한 다양한 콘텐츠도 개발 중이다. 그 결과 현재 '한국유전자협회'는 DNA 라이프 스타일 컨설턴트라는 창직을 통해, DTC 유전자 검사를 기반으로 라이프 스타일 전반에 활용 가능한 맞춤 케어 전문가를 양성하는 국내 유일한 교육기관으로 자리매김하고 있다.

다시 맞춤으로 돌아와서 이야기해보자.

앞에서도 이야기했지만, 이제는 제품 생산 라인의 혁신으로 개인 맞춤 생산이 점차 확대되고 있다. 예를 들어 영양제(영양소) 추천의 경우, 개인에 따라, 나이에 따라, 성별에 따라, 계절에 따라, 건강상태가 모두 다 다르다. 옛날에는 종합비타민을 하루 한 알 먹는 것이 일반적이었다면 이제는 각자 상황에 따라 비타민 A, B, C, D 섭취가 달라져야 한다. 지금은 혈관, 뇌, 눈, 비만, 수면장애, 피부, 탈모 개선, 기억력 등 개인별 맞춤 영양제를 선호하고, 그런 구독 서비스가 늘어나고 있다. 당연히 자신에게 필요한 것을 추천받고 구독해야 한다.

그것이 옳다. 유전자 검사든, 어떤 식의 헬스 케어든, 정확한 진단을 통해서 자신에게 꼭 맞는 식단, 운동법, 영양 관리, 미용 관리가 이뤄져야 하고, 그에 맞는 라이프 스타일이 이뤄지도록 구독 서비스 또한 똑똑하게 해야 할 것이다.

이처럼 디지털 시대의 구독자는 '누구나'를 위한 보편적인 '표준형'보다는 '나만을' 위한 특별한 '맞춤형'을 선호한다는 것! 다시 말해 구독경제에 있어서 가장 중요한 핵심 전략은 맞춤형 큐레이션 서비스라는 것을 다시 한 번 강조하는 바이다.

2

큐레이션의 중요성
(전문가 큐레이션)

소유에서 구독으로 경제의 패러다임을 바꿔라

지금은 다들 자동차를 구입하면 최소 5년, 10년은 탄다. 20년도 탄다. 그런데 자동차 시장에도 구독 서비스가 생기면서 5년, 10년 타는 것을 지루하게 느끼는 사람들도 있을 것이다. 이제는 취향에 따라, 용도에 따라 얼마든지 바꿔 탈 수 있으니 그런 이들에게는 '차량 구독 서비스가 왜 이제 생겼을까?' 싶기도 하겠다.

뿐만 아니라 우리가 살아가는 '집'도 구독할 수 있다. 가끔은 남의 집에서 살아보고 싶은 로망이 다들 있었을 텐데, 이젠 그 또한 현실이 됐다. 원하는 지역마다, 나라마다, 어디든 살 수 있는 시대가 됐다. 모두가 구독경제다. 가족만 빼고,

| 구독경제 〈전략〉 제대로 파악하기 |

사람만 빼고, 구독경제 시대가 된 셈이다.

상황이 이렇게 흘러가니 구독경제에서는 지금까지 소유의 소비자를 구독으로 바꾸라고 말한다. 소유의 개념을 완전히 뒤집으라고 말한다. 구독의 장점을 소개해 소유의 소비자를 완전히 전환시키라고 말한다. 100세 시대를 맞아 그동안 80세에 맞춰 설계했던 보험도 다시 컨설팅 하듯 경제의 패러다임을 싹 다 바꿔야 한다는 뜻이다.

현재 2030세대의 지출 항목을 보면 '구독'에 들어가는 비용이 점차적으로 늘고 있음을 알 수 있다. 넷플릭스, 멜론, 밀리의 서재, 유튜브 프리미엄 등 각종 콘텐츠 서비스 구독은 물론, 쿠팡의 로켓 배송, 네이버 정기구독, 카카오 구독온 서비스 등… 적게는 5~6개에서 많게는 10개까지도 구독하고 있는 듯하다.

우리나라뿐 아니라 전 세계 인구의 고령화가 심각하다. 경제 흐름이 이렇다면 6,70대 고령층이 소외되지 않도록 '구독'이 무엇인지 알려줘야 한다는 목소리가 들려온다. 가령, 구독이 아니더라도 종업원 없는 식당에 가서 '키오스크' 앞에서 쩔쩔매면 안 되니까! 점점 사라지는 은행 대신 ATM 기기 앞에서 현금을 못 뽑으면 안 되니까! 아니 현금과 카드가 사라지고 나면 스마트폰에서 전자화폐로 거래해야 하는데 그땐 어떻게 하라고?

그러니 미리미리 알려줘야 한다. 자녀들이, 후배들이, 제자들이, 아니면 스스로라도 알려고 노력해야 한다. 누군가에게라도 배워야 한다. 손 놓고 가만히 있어서는 빠르게 돌아가는 세상을 따라갈 수가 없다. 어느새 그런 세상이 오고야 말았다. 옳고 그름의 문제가 아니다. 좋고 싫고의 문제도 아니다. 어쩔 수 없이 받아들여야 하는 생존의 문제이기에 우리는 알아야 하는 것이다.

이제라도 배워야 하는 것이라고 생각하면 빠르게 변하는 시대의 흐름이 간혹 숨차게 느껴질지언정 고개는 끄덕여질 것이라 생각한다.

이런 면에서 구독경제를 시작하면 큐레이션의 도움을 받을 수 있어서 차라리 다행이다 싶다. 그렇다면 큐레이션에 대해 자세하게 알아보자.

| 구독경제 〈전략〉 제대로 파악하기 |

진정한 큐레이션

큐레이션이란 무엇인가?

이 용어는 원래, 미술관이나 박물관에서 예술 작품을 설명해주는 '큐레이터(curator)'에서 파생한 신조어로 지금은 소비자가 찾고자 하는 제품을 개인취향과 생활패턴에 맞춰 전문가가 직접 선별해주는 서비스로 확장된 개념이다.

이미 우리 사회 많은 영역에서 적용하고 있다.

다시 말해 큐레이션은 전문가가 제품의 구매방식을 도와주는 것이다. 단순히 검색을 제공하는 것만으로는 만족할 수 없기에 누군가 곁에서 도와주는 것이다. 큐레이션의 방법에는 인공지능을 통한 추천이 있고, 사람이 하는 추천이 있다. 중요한 것은 큐레이션을 통해 고객의 입장과 기업의 입장에서 서로가 윈윈할 수 있어야 한다. 무엇보다 고객은 바쁜 시간을 쪼개 선택하는 귀찮음을 줄일 수 있어야 보다 큰 의미가 있을 것이다.

여러 가지 선택지를 놓고 결정 장애의 어려움을 단번에 해소할 수 있다면 이보다 좋은 것이 없을 것이다. 또한 전문가의 추천을 통해 내가 구매한 제품에 대해서, 혹은 구독한 그 서비스에 대해서 이전에 몰랐던 지식을 하나씩 알게 되는 지적 충만함까지 얻을 수 있다면 큐레이션이 고객에게 미치는 플러스 영향으로 매우 충분하지 않을까?

언뜻 보기에는 단순해보이지만 결코 만만치 않은 큐레이션의 역할은 이렇게 정리할 수 있겠다.

1. 소비자의 불편함을 해결해 줄 것!
2. 소비자의 불만을 해소해 줄 것!
3. 소비자가 원하는 것을 충족시켜 줄 것!

그리고 이런 큐레이션의 역할에 만족하는 소비자가 점점 늘어나는 것이 구독경제가 성공하는 중요 포인트라 할 수 있을 것이다.

선택은 늘 어렵다

사람은 원래 뭔가를 선택하려면 일단 어렵다고 생각한다. 선택하려면 판단해야 하고, 판단하려면 정확한 정보를 알아야 하고, 그러려면 깊이 생각해야 하고, 그래서 우리는 한참을 고민한다. 최선의 선택을 위해서 시간을 들여가면서 정보를 찾는 등 많은 노력을 필요로 한다.

한번 예를 들어보자. 내가 곧 이사를 가게 됐다. 서둘러 집을 알아봐야 한다. 그때부터 여러 가지 고민과 걱정이 생기기 시작한다.

- 어느 동네로 가야 할까? 도심으로 가야 할까? 외곽이 좋을까?
- 매매를 해야 할까? 전세가 좋을까? 아니면 월세?
- 이참에 자동차도 바꿔야 한다. 요즘 새로 나온 모델은 뭐가 좋을까?

자동차 회사마다 차량 모델과 디자인, 색상, 기능도 비교해야 하고,

가격대에 따라 할부가 좋을지? 렌탈이 좋을지? 리스가 좋을지? 고민이 늘어난다.

그러다가 꼬리에 꼬리를 물고 다른 고민까지 이어진다.

- 자녀가 대학에 간다. 입시 전형은 왜 이렇게 많은 걸까? 너무 어렵다.

어느 대학, 어느 과를 선택해야 할까?

- 그 다음에 취업은? 이후에 결혼은? 결혼하면 신혼살림은?

- 그러다가 이사 갈 집 인테리어는 어떻게 하지?

- 내가 다닐 병원은 어디가 좋을까? 건강관리는 어디서
  하지?

당장 안 해도 되는 걱정까지 밀려드는 것이 사람 심리다. 누구나 똑같다. 이럴 때 이 모든 것을 혼자 결정하려면 너무 어렵다. 힘들다. 물론 가족이 함께 고민하겠지만, 전문가의 도움을 받을 수 있다면 훨씬 수월해진다. 마음이 한결 가벼워진다. 어려운 수학 문제를 해결한 것처럼 마음이 홀가분해진다. 그래서 우리에게는 전문가 큐레이션이 필요한 것이다. 내가 필요한 순간에 나의 필요를 알고 딱 나타나주는 전문가. 그런 존재가 구독경제에 있다. 구독 서비스에 있다. 이제는 그런 시대가 온 것이다. 큐레이션이라는 이름으로!

3

CRM에서
승부가 결정 난다
즉, '비포 서비스를 실시하라!'

CRM : Customer Relationship Management

한국에서 구독경제를 성공시키려면 어떻게 해야 할까?

1998년 IMF 외환위기 당시, 구독경제의 모태가 된 코웨이 정수기 렌탈을 시작했다. 코웨이 렌탈은 지금까지도 업계 1위를 달리고 있다. 삼성, LG, SK 등 대기업들과 경쟁하는 정수기와 공기청정기 업계에서 20여 년이라는 오랜 시간 동안 정상을 달리고 있는 이유는 과연 무엇일까?

단연, CRM에 있다. CRM은 Customer Relationship Management의 약자로 '**고객 관계 관리**'이다. 내가 코웨이 정수기 렌탈 사업을 성공시켰을 때 영업 전략이었던 비포 서비스(Before Service)와 같은 맥락이다. 관계의 중요성을 강조하는 것이다.

이 책의 〈2장〉 구독경제 〈전략〉편에서는 고객 관리가 그만큼 중요하기에 계속해서 강조하고 반복하고 있다.

관계의 중요성

구독경제의 성공 전략은 결국 '관계'에 있다. 열광하는 '팬'을 만들어야 한다. 소비자 곁에서, 구독자 곁에서, 그들의 팬이 되어야 한다.

전 세계가 사랑하고 열광하는 그룹, 대한민국이 보유한 자랑스러운 그룹, 전 세계에 한국의 위상을 드높인 국내 최고의 'K팝 스타'이자 한국을 대표하는 세계적인 아티스트 BTS(방탄소년단). 그야말로 존재만으로도 전 세계 많은 이들에게 행복과 위로를 선물해주는 이들에게 '아미(ARMY)'라는 '팬덤(Fandom)'이 있는 것처럼 기업이나 플랫폼은 구독자에게 가족이 되어야 한다. 그들이 무엇이든 상의할 수 있고, 어디에 가서든 '네 편'이라고 말할 수 있어야 한다. 스스로 자처하는 충성스런 팬들이 있어야 하는 것이다.

수많은 기업이 구독 상품을 출시했고 지금 이 순간도 준비하고 있다. 하지만 그 기업들이 많은 돈을 들여서 제품을 홍보하거나 광고해서 소비자가 구독하는 방식은 아직까지는 '절반의 구독경제'밖에 안 된다. 나머지 절반을 성공시키려면 내가 먼저 서비스를 경험해보고 그것이 좋을 때 가족과 주변에 전달하는 방식이어야 한다. 그렇게 자연스럽게 흘러갈 때 나머지 절반이 비로소 완성되는 '맞춤형 구독경제'가 이뤄질 것이라고 본다.

비포 서비스의 장점은 고객에게 무한 감동을 전해주니 자연스레 충성고객으로 연결된다. 단점은 물론 비용이 많이 든다는 점이다. 하지만 비용이 많이 들더라도 가치를 Up시켜서 다른 고객을 충성고객으로 만들면 된다. 고객을 팬으로 만들고 그들을 열광하게 만들면 앞서 언급한 팬덤이 생긴다. 그러면 어떤 현상이 일어나겠는가? 또 다른 제품을 스스로 구입하는 일이 생긴다.

1명의 코디가 만든 기적

예를 들어, 맨 처음 코웨이 정수기를 구입한 고객이 공기청정기, 비데, 연수기, 침대, 안마기 등등을 자연스럽게 구입하고, 또 다른 고객을 스스로 추천해준다. 친구, 친척까지 본인이 알아서 소개해준다.

코웨이 렌탈 사업 당시, 어떤 소비자는 정수기를 써보고 너무 좋아서 30명 정도를 추천한 일도 있었다. 그 후, 한 명의 '코디'(CODY=코웨이 레이디Coway Lady의 줄임말로 고객 관리 전문가)가 소개받은 30명의 고객을 너무나 잘 관리해주고 감동을 주었더니 또 다른 고객들이 줄줄이 기다리는 일도 생겼다.

바로 이렇게 비포 서비스로 고객을 감동시키면 고객이 또

다른 고객을 낳는 일이 자동으로 생긴다. 이때, 맨 처음 고객에게는 당연히 혜택을 주어야 한다. 다른 제품을 구입할 때 할인 혜택을 줘야 마땅하다. 당연한 논리다. 아무튼 그때 그 코디가 맨 처음 소비자를 자주 만난 덕분에 집안 대, 소사를 함께 의논하는 사이로까지 발전했다. 회사 입장에서는 마케팅 비용을 많이 줄일 수 있었고, 서비스 인건비도 줄이면서 매출은 오르니 그야말로 획기적인 상승전략이 된 셈이다. 이런 비포 서비스 정신이 다시 부활해야 할 때라고 본다.

CRM -〉 Key Point

= 소비자의 가치를 UP 시키고 가치를 통해서
나오는 정보로 이익, 수익을 내라.

----

1. 어려운 것을 쉽게! ↘

2. 불편한 것을 편하게! → 가치를 UP 시켜라!

3. 비싼 것을 싸게! ↗

앞에서 언급한 집안 대, 소사를 함께 의논한다는 것은 하나의 정보를 갖고 또 다른 비즈니스가 가능하다는 뜻이다. 예를 들어 이사 정보는 대략 2달 전 듣게 된다. 즉 정수기 이전 설치를 부탁 받으면서 알게 되는 것이다. 그때 그 정보로 이삿짐센터, 인테리어 업체, 가구, 전자제품 등 2달 전에 필요한 모든 정보를 함께 공유할 수 있다. 소비자가 원하는 것들을 다 연결해 줄 수 있다.

고객 관리 차원에서 시작한 일이지만 서로에게 플러스 효과를 가져다 준 셈이다. 그리고 이 정도의 관계로까지 발전했다는 것은 구독경제의 핵심인 관계 맺기 전략이 통했다는 뜻이기도 하다. 그러나 단순히 그것만이 전부는 아니다.

| 구독경제 〈전략〉 제대로 파악하기 |

비포 서비스도, CRM도 결국 사람이 하는 일 아니겠는가! 코디나 큐레이션 그리고 충성고객이 서로 긴밀하게 이어졌다는 것은 신뢰와 친밀감을 바탕으로 어느새 인간적인 관계로 끈끈하게 맺어진, 또 하나의 가족이 된 것이라고 봐도 무방하겠다.

'진정한 마케팅은 한 사람의 고객으로부터 출발한다.'
경영학의 개척자, 경영학의 대부라 불리는 '피터 드러커'(Peter Drucker)의 말처럼 기업 입장에서는 늘 고민해야 한다.

첫째, 고객이 원하는 것은 무엇인가?
둘째, 고객에게 어떤 가치를 제공할 것인가?
셋째, 고객에게 어떤 깜짝 놀랄 만한 경험을 제공할 것인가?

기업이 제공하는 서비스의 열렬한 팬이 되면 고객은 자연스럽게 또 다른 고객 즉, 아들과 딸, 친척, 친구 등 주위 사람들에게 자랑할 것이다. 때문에 가능한 고객이 들이는 시간과 에너지를 최소화해서 생활을 편리하게 만들어 주어야 한다.

구독 모델의 본질은 새로운 가치를 계속 제안하는 것이다. 명확한 가치를 제시해서 고객을 만들고 그것을 지속해서 훌륭한 체험과 경험을 제공해야 한다. 그리고 그 고객을 오랫동안 유지하는 것이 중요하다.

기술의 발달로 이제 기업은 고객 한 사람 한 사람의 특성을 보다 심도 있게 분석하고 개개인에게 적합한 맞춤 서비스를 제공할 수 있게 됐다.

결국, 구독 서비스에서는 데이터와 맞춤이 모든 것을 지배한다는 이야기로 귀결된다고 해도 과언이 아닐 것이다.

4

Lock-in 효과
충성고객의 중요성

애자일 경영

최근의 경영 트렌드이자 4차 산업혁명 시대에 필요한 전략으로 국내 외 많은 기업들이 애자일 경영(agile)을 도입, 시행하고 있다. 애자일은 '날렵한, 민첩한'이라는 뜻으로 소비자 니즈에 신속하게 대처하라고 말한다. 그 변화에 빠르게 대응하라는 이야기이다.

장기적으로 계획하고 예측해서 완성도를 높이는 것보다 자칫 실수가 있고 오류가 있더라도 일단 빠른 실행에 집중하는 것, 그래서 소비자의 마음을 사로잡을 수 있다면 그것이 더 효율적이고 최선이라는 이야기로 해석하면 될 듯하다.

소비자의 마음을 사는 힘, 소비자의 마음을 읽어내고 비즈니스 모델을 전환시키는 힘, 이것이 우리가 맞이하고 있고 앞으로도 맞이할 새로운 생태계의 모습이다. 그리고 여기에서 생존하려면 이 생태계에 하루빨리 적응해야 한다.

비슷한 맥락으로 디지털 문명의 특징은 새로운 비즈니스 모델을 파악하기도 전에 또 다른 새로운 비즈니스 모델이 등장하는 형국이다. 이 변화는 아무도 가르쳐주지 않는다.

오직 소비자가 남기는 데이터를 통해 과거를 읽어내고 미래를 예측하는 것이다. 데이터를 바탕으로 새로운 생태계를 이해해야 한다. 모든 답은 데이터가 알고 있다. 그래서 빅데이터 분석 능력이 가장 중요하다. 데이터를 읽는 눈을 가지면 새로운 세계가 보인다. 이를 위해 SNS를 통해 연결된 팬덤을 갖는 것도 여러 방법 중의 하나이다.

흔히, 팬덤 구독경제를 만들어야 한다는 이야기들을 한다. 충성도 높은 팬들이 열광하는 구독경제! 팬덤이 형성되면 소비하는 데 가격을 생각하지 않기 때문이다. 아니, 아무래도 덜 생각하기 때문이다.

| 구독경제 〈전략〉 제대로 파악하기 |

여기서 잠깐 팬덤(Fandom)의 사전적 정의를 살펴보자.

팬덤은 광신자를 뜻하는 영어 단어 'fanatic'에서 유래한 'fan'과 접미사 '-dom'의 합성어다. 특정한 인물이나 분야, 브랜드를 열성적으로 좋아하고 깊이 빠져드는 사람들을 일컫는 말이다. 다시 말해 이들은 경제력과 구매력을 갖춘 사람들이다.

기획사가 시켜서가 아니라 팬덤 안에서 직접 홍보 활동을 하고 심지어 그들 돈으로 지하철, 버스, 빌딩 전광판 등 팬덤 광고까지 하는 상황이니 그들의 파워가 어느 정도인지 짐작이 되고도 남을 것이다.

이런 논리라면 팬덤 구독경제는 얼마나 열광하는 팬을 많이 갖고 있느냐가 성공요인이 된다. 이미 거대 플랫폼을 보유한 기업들은 기존 고객들이 다른 곳으로 이탈하지 않고 그 플랫폼 안에서 오래오래 자유롭게 놀 수 있도록 여러 가지를 연동해 놓는다. 부러운 장점이다.

이처럼 디지털 기반의 플랫폼, 그리고 SNS를 기반으로 하는 온라인의 영향력이 얼마나 파급력이 큰지 우리는 잘 알기에 이들의 추이를 앞으로 지켜볼 필요가 있겠다. 팬덤 기반의 구독경제가 앞으로 어떤 변화를 보일지를.

락인 효과

우리나라 양대 인터넷 기업인 네이버와 카카오 간의 구독서비스 경쟁이 매우 뜨겁다. 네이버는 '쇼핑'을 무기로, 카카오는 국민 메신저 '카카오톡'을 무기로, 구독경제라는 살벌한 시장에 나섰다. 네이버는 지난 8월 스마트스토어에서 '정기구독' 서비스를 시작했고, 카카오는 지난 6월 카카오톡을 활용한 서비스 '구독 온'을 시작했다.

작은 플랫폼 기업이나 후발 주자들 입장에서는 무슨 걱정일까 싶다. 이미 두 기업 모두 충성고객이 많은데! 락인 효과 (일명 자물쇠 효과, 고객 묶어두기, Lock-In Effect)도 있을 텐데!

그렇다. 네이버와 카카오, 그리고 쿠팡이라는 거대 기업과의 싸움에서 이기기란 쉽지 않다. 후발 주자들은 그들이 하지 못하는 것을 해야 한다. 기계가 못 하는 것. 첨단이 해내지 못하는 것을 어떻게든 찾아내서 해야 한다.

어쩐지 필요해 보이는 일인데 아직 아무도 안 하고 있는 일. 그런데 나로서는 누구보다 자신 있는 일. 그런 무기가 있다면 킬러 상품으로 만들면 된다. 그것만이 살아남을 수 있는 유일한 전략이기 때문이다.

이처럼 구독경제에 있어서 가장 중요한 것은 킬러 콘텐츠이다. 킬러 제품! 킬러 서비스! 여기에 인공지능이 예측하고 사람의 관리가 더해지는 '휴먼 터치(Human Touch)'가 더해질 때 충성고객을 확보할 수 있고, 해약이나 해지도 예방할 수 있다. 또한 꼬리에 꼬리를 무는 전략으로 한 명의 충성고객이 또 다른 고객을 추천하면 결국 새로운 충성고객 탄생이라는 물꼬가 터질 수도 있다.

충성고객이나 락인 효과, 비포 서비스, CRM, 큐레이션 등 결국은 하나로 귀결되는 것 같다. 구독경제의 핵심은 관계라는 것!

그렇다. 온전한 구독경제는 관계 맺기라고 정의할 수 있다. 다시 한 번 강조하자면, 가령 '제조' 모델에서는 소비자를 '직접', '자주' 만나야 한다. 정기적으로 계속 만나야 한다. 그래야 관계가 쌓인다. 그래야 사소한 정보라도 얻을 수 있다. 그래야 필요한 상황에서 크고 작은 도움을 줄 수 있다.

그렇게 할 때 신뢰가 쌓인다. 당연히, 소비자가 감동할 만한 수준의 가치를 제공해야 한다.

적당히, '이쯤 하면 되겠지?'가 아니라, 지속적으로 옆에서 든든한 지원군이자 편이 되어주어야 한다. 그럴 때 진정한 관계 맺기가 이루어진다. 전문가에게 친절하고 진솔한 가이드를 받으면 충성고객이 될 수밖에 없다.

사람 마음이 그렇다. 급기야 단골손님, 마니아, 우대고객, VIP로 성장할 수 있는 지름길이 되기도 한다. 이를 두고 기업 입장에서는 이렇게들 정의한다. '가장 적극적인 형태의 고객과의 관계 맺기'라고! 나도 이 말에 적극 동의한다. 그리고 고객 입장에서는 가장 전문적인 도움을 받으면서 자연스럽게 충성고객으로 바뀌는 것이다.

고객을 대할 때는 그저 제품 하나 더 팔려는 대상으로 봐서는 안 된다. 누군가의 도움을 필요로 하는 사람, 전문가의 도움이 필요한 사람으로 봐야 한다. 전문가 큐레이션이 필요한 대상으로 봐야 한다.

한편, 고객 입장에서는 전문가를 내가 필요한 제품을 돈 받고 파는 판매인으로 봐서는 이제는 곤란하다. 내가 어떤 순간에 어떤 것을 필요로 할지 나조차도 알 수 없기에 전문가 한 사람을 곁에 둔다고 생각해야 한다. 그래야 앞으로의 삶이 마치 보험처럼 든든해질 수 있다. 이것이 고객과 기업의 상생이지 않을까?

더불어 이것도 기억해야 한다. 소비자들은 똑똑하다. 시장에서 제품을 구입할 때 완벽한 것을 원하기도 하지만 오로지 그것만이 전부는 아니다. 설령 제품에 대해 기대했던 것보다 못한 약간의 아쉬움이 있더라도 그것에 대해 솔직하게 이야기해주는 태도, 다음을 기대하게 해주는 진정성, 친절하게 대해주는 매너, 지난번에 내가 말한 사소한 이야기를 기억해주는 센스 등, 제품 이상의 따뜻하고 친절한 서비스를 보여준다면 누구라도 충분히 만족해한다.

이런 것이 인공지능이 커버할 수 없는 전문가의 영역일 것이다. 사람의 마음을 터치하는 능력이다. 소비자의 눈을 보고, 얼굴을 보고, 마음을 보고 전할 수 있는 이야기. 그래서 휴먼 터치가 이렇게 중요한 법이다.

5

플랫폼의 장, 단점
플랫폼의 핵심은 상호작용

플랫폼이란 무엇인가?

우리나라의 대표적인 인터넷 플랫폼 기업이라고 하면, 네이버와 카카오를 꼽을 수 있다. 거대 플랫폼 두 기업이 연일 화두에 오르내리며 구독경제에 앞장서고 있다. 양사의 맞대결, 그 경쟁이 매우 뜨겁다.

그렇다면 일단 '플랫폼'의 뜻부터 살펴보자.

플랫폼의 사전적 의미는 '기차나 버스 등을 타고 내리는 '승강장'이라는 뜻이다. 지금은 그 의미가 확대돼 어떤 장치나 시스템 등을 구성하는 기초 또는 골격을 지칭한다. 오늘날에는 다양한 종류의 시스템이나 서비스를 제공하기 위해

| 구독경제 〈전략〉 제대로 파악하기 |

공통적이고 반복적으로 사용하는 기반 모듈이나 어떤 서비스를 가능하게 하는 일종의 토대라고 할 수 있다.

예를 들어 유튜브는 여러 사람이 동영상을 올리기도 하고, 다른 사람이 올린 동영상을 시청하기도 하는 하나의 공간이자, 공통된 틀을 제공하는 동영상 플랫폼 서비스라고 할 수 있다.

우리가 알고 있는 일반적인 플랫폼의 핵심은 그곳을 오가는 유동인구와 플랫폼 자체, 즉, 건물이다. 그렇다면 구독경제에서 말하는 플랫폼의 핵심은 무엇일까? 고객, 즉, 구독자와 제품 또는 서비스일 것이다. 그리고 바로 이 둘의 상호작용이다.

플랫폼은 외부 생산자와 소비자가 상호작용을 하면서 새로운 가치를 창출할 수 있도록 만들어주는 데에 기반을 둔 비즈니스로, 이때 복합적인 상호작용을 통해 우리가 전혀 예상하지 못한 결과물을 만들어낸다. 시공간의 벽을 허물어버리는 디지털 기술 혁신에 힘입어 더욱 신속 정확하게 대규모 생산자와 소비자를 연결해주는 결과물을 만들어낸다.

이토록 놀라운 결과물이 이루어지는 곳 플랫폼! 다시 한 번 정리해보자.

1) 양면시장을 대상으로 하는 New 사업 모델이다!

2) 생산자와 소비자 모두를 자신의 고객으로 포함시킨다!

3) 생산자나 소비자로 참여하지 않는 중립적 역할을 한다!

4) 시장을 획득하면 라이벌이 거의 없는 독과점 체제가 된다!

그밖에 시장에서 지배자의 위치에 오르는 순간 경쟁자가 사라진다.

게다가 수익이 안정적으로 나오는 것은 물론, 지속적으로 나온다면 그 가치는 상상할 수 없을 정도로 오른다.

우리가 알고 있는 대표적인 플랫폼 기업은 다음과 같다.

전 세계적으로는 마이크로소프트, 애플, 구글, 아마존, 알리바바 등…

우리나라에서는 네이버, 카카오, 쿠팡, 당근마켓, 밀리의 서재 등…

| 구독경제 〈전략〉 제대로 파악하기 |

플랫폼의 장점과 단점

플랫폼의 장점과 단점도 있다. 그 시장을 점령하기 전까지는, 소비자들이 그곳에 길들여지기 전까지는, 왠지 소비자에게 유리한 것 같은 느낌이 든다. 처음에는 공짜라는 매력이 있기 때문이다. 하지만, 결국 시장을 장악한 이후에는 어쩔 수 없이 노예가 되고 만다. 그다음에는 빠져나오고 싶어도 그럴 수가 없다. 이미 그곳에 종속되도록 만들어버린 구조 때문이다. 그 서비스를 계속 사용할 수밖에 없다. 처음에는 무료 혹은 최저가였던 플랫폼이 점차 시장을 장악한 다음에 가격을 올리면 소비자는 어떻게 해야 할까? 그래서 앞으로 '쿠팡'을 눈여겨 볼 필요가 있을 것 같다.

6

또 하나의 전략
D2C
(Direct to Consumer)

넷플릭스와 디즈니 플러스의 그 치열함에 대하여

이미 인프라가 탄탄한 거대 플랫폼을 보유한 기업들과 구독경제 시장에서 싸워 이기기란 쉽지 않다는 것을 알고 있다. 그렇다면 뒷짐 지고 있어야 할까?

작은 플랫폼이나 후발 주자들, 아니면 아예 플랫폼조차 없는 곳들은 어떻게 해야 할까?

대규모 플랫폼에 의존하지 않고 살아남을 수 있는 방법은 없는 것일까? 그렇지 않다. 이미 살아남기 위한 나름의 전략들을 도모하기 시작했다. 그중 하나가 자체적으로 운영하는 온, 오프라인 쇼핑몰 사이트를 통해 소비자들에게 직접 다가가는 전략을 구사하는 것이다. 바로 D2C(Direct to Consumer) 전

| 구독경제 〈전략〉 제대로 파악하기 |

략이다. 말 그대로, 제조업자가 유통업자의 플랫폼을 통하지 않고 온라인을 통해 혹은 오프라인 직영매장을 통해 제품을 직접 판매하는 방식이다.

　대표적인 예를 꼽는다면 2017년 8월 '디즈니'가 글로벌 OTT 강자의 자리를 차지하고 있는 '넷플릭스'와 결별을 선언하고 2019년 11월 '디즈니 플러스'를 출범시킨 것이다. 자체 브랜드 파워도 있겠다, 독자적인 판로로 승부를 보겠다는 야심찬 계획을 내보인 것이다.
　서비스 출시 2년이 지난 현재, 국내 론칭을 앞두고 있는데 현재까지의 분위기는 성공적인 듯하다.

특히 요즘은 한국에서 제대로 맞붙은 넷플릭스와 디즈니 플러스 이 둘의 분위기가 매우 뜨겁다. 안 그래도 최근, 넷플릭스가 8월 27일 공개한 'D.P'에 이어 9월 17일 공개한, 최근 가장 핫한 '오징어게임'까지 연달아 흥행을 하면서 다시 한 번 각광받고 있기 때문이다.

그 뜨거움이 어느 정도냐면, 국내뿐만 아니라 한국 드라마 콘텐츠 최초로 미국 넷플릭스에서 '오징어게임'이 1위를 기록했다. 아니, 최근 10월 2일자 기사에서는 넷플릭스가 서비스되는 83개국에서 모두 1위를 기록했으니 이 얼마나 놀라운 일인가.

한편, 현재 발표된 언론 기사에 따르면, 디즈니 플러스는 '디즈니', '픽사', '마블', '스타워즈', '내셔널지오그래픽' 등의

방대한 IP를 기반으로 한 영화 및 TV 프로그램 콘텐츠를 제공하며 '넷플릭스'와의 뜨거운 경쟁을 이어나가고 있다고 하니, 가히 기대가 된다.

과연 우리나라 온라인 동영상(OTT) 시장에서 넷플릭스와 디즈니 플러스의 승자는 누가 될 것인가? 역시나 다양한 킬러 콘텐츠가 관건이겠다.

나이키, 나의 길을 가련다

그런가하면, 2019년 11월, 나이키의 '아마존으로부터의 독립 선언' 이야기도 빼놓을 수 없다. 더 이상 아마존에 제품을 공급하지 않고 직접 소비자를 만나겠다고 선언한 것이다. 앞서 언급한 D2C 전략이 오히려 장기적으로는 더 승산이 있을 것이라고 판단했기 때문이다. 거대 플랫폼이라는 장점을 결코 무시할 수는 없지만 중간 유통에 들어가는 비용도 만만치가 않다.

나이키는 그 비용을 줄여서 차라리 소비자에게 질 좋은 제품으로 돌려주는 것이 오히려 좋은 선택이라고 생각하고 이런 결단을 내린 것이다. 또한 이제는 즉각적인 데이터 확보가 기업의 재산인 만큼 플랫폼에 소비자들의 데이터를 다 뺏기기 전에 제조사인 나이키가 먼저 확보, 수집하는 것이 이제라도 현명하다고 판단한 셈이다.

그리고 이런 결정은 적중했다. CNBC 등 지난 6월 발표된 현지 언론에 따르면, 나이키의 4분기(지난 3월~5월) 보고된 매출은 123억 달러로 이는 전년대비 96% 증가한 수치이며, 이중 D2C 비중은 38.7%라고 한다.

디즈니나 나이키는 이미 브랜드 파워가 있기 때문에 과감하게 비 플랫폼을 선언, 독자노선의 길을 갈 수 있었는지도 모르겠다. 그러나 한편으로는 생각하기 나름일 것 같다. 어쩌면 반드시 브랜드 파워나 거대 플랫폼만이 능사가 아니라 소수의 고객이라도 관계 맺기가 정말 잘 되어 있다면 얼마든지 성공할 수 있지 않을까? 만약 디즈니나 나이키가 브랜드 파워만 믿고 더 이상의 콘텐츠 개발이나 스토리텔링 마케팅을 게을리했다면 그래도 과연 성공했을까?

결코 아니라고 본다. 끊임없이 킬러 콘텐츠를 만들어 내고 거대 플랫폼의 장점을 대신할 수 있는 무기를 만들기 위해 노력했기 때문에 가능했다고 본다.

따라서 플랫폼 없이 시작하는 후발 주자들도 용기를 낼 필요가 있다. 소수의 고객이라도 진정성 있는 관계 맺기를 전제로 D2C전략을 구사한다면 그 첫걸음은 분명 의미 있는 시작이 되지 않을까?

새로운 비즈니스의
핵심가치 ESG

최근 세계적인 기업은 물론 우리나라 기업들의 뜨거운 화두라면 단연 'ESG'를 꼽을 수 있다. 뉴노멀(New Normal)의 새로운 경영방식이자 핵심 키워드로 자리 잡고 있는 'ESG' 는 다음과 같이 환경과 사회, 지배구조의 앞 글자를 딴 표현이다.

E: **환경**(Environment)

S: **사회**(Social)

G: **지배구조**(Governance)

즉, 기업이 환경을 보호하고, 사회에 대한 책임을 강화하며, 투명하고 윤리적인 지배구조 개선을 실천해야 지속 성장이 가능하다는 의미를 담고 있다.

요즘 기업들의 광고를 잘 보고 들으면 'ESG'라는 단어가 자주 나오는데 그만큼 기업에 대한 'ESG 기준'이 강화됐다는 이야기이고, 더 이상 친환경 정책을 외면하기에는 전 세계적으로 기후 문제가 너무 심각한 것도 사실이기 때문이다.

모든 영역에서 친환경을 생각해야

2015년 출시된 지역 기반 온라인 플랫폼 '당근마켓'은 ESG 경영의 좋은 사례로 꼽히고 있다. 이웃 간 중고거래 등으로 '자원 재사용'과 '연결의 가치'를 실현하고 있고, 지역 사회 연결을 통한 '로컬 경제 활성화'에 앞장서고 있기 때문이다.

또한 지난해에만 1억 2000만 건의 이웃 간 거래와 나눔을 연결했다고 하는데, 같은 기간 재사용된 자원의 가치는 나무 2,770만 그루를 심은 것과 같은 효과라고 하니 당근마켓을 이용한 사람들도 ESG 경영에 일조한 셈이 아닐까 싶다.

이런 움직임은 곳곳에 많다. 최근 미국의 2,30대는 포장이 화려한 화장품은 안 쓴다고 한다. 속 내용이 좋으면 된다는 것이다. ESG를 생각하는 태도, 즉, 화장품을 선택할 때도 친환경을 생각하는 세대들이다.

2023년이 되면 제조업의 75%가 구독경제로 바뀔 것이라는 가트너(Gartner)의 전망을 〈1장〉에서 이야기했는데, 실제로 디지털로 연결되면 모든 서비스에 구독모델을 적용할 수 있다. 소비자들도 소유에서 경험으로 인식이 전환되고 있고 불필요한 소비는 과감히 줄이는 '미니멀리즘'(minimalism：비우는 삶)을 실천하고 있다. 단순함과 간결함을 추구하는 시대인 것이다.

말하자면, 지금까지 대량생산시대, 대량소비시대에서 이제는 꼭 필요한 것만 구입하고 구독하는 시대로 전환하는 움직임이 결국은 지구를 생각하고 환경을 생각하는 긍정적인 움직임으로 나타나고 있다. 동시에 ESG도 화두가 되고 있다. 이렇게 서로에게 좋은 시너지를 주고 있다.

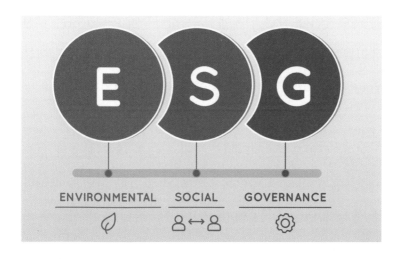

| 구독경제 〈전략〉 제대로 파악하기 |

8

2% 아쉬운 인공지능, 휴먼 터치(Human Touch)가 필요해

클라우드 컴퓨팅

흔히, 인터넷을 통해 컴퓨팅 서비스를 제공하는 것을 '클라우드'라고 한다. 기술의 혁신으로 많은 것들이 편리해지는 만큼 어려운 용어들도 많이 나온다. 전자 기기에 익숙한 젊은 세대들이나 관련 업계에 있는 사람들이 아니고서는 낯선 용어들이 정말 많다. 적응하기 어려울 정도로 생소한 단어들일 수 있다. 그래도 이번 기회에 몇 가지만 기억하자.

일단, 클라우드 컴퓨팅(Cloud Computing)은 내가 필요한 모든 요소들을 컴퓨터에 일일이 설치하지 않고도 작업을 수행할 수 있는 방법이다. 그러니까 인터넷을 통해 내가 필요한 것들 – 서버, 데이터베이스, 스토리지, 플랫폼, 애플리케이션 – 등을 온디맨드(On-Demand)로 제공하고 사용한 만큼 비용을 지불하는 것이다. 그럼 온디맨드는 무엇이냐? 수요자가 원하는 물품이나 서비스를 바로 공급하는 비즈니스 모델이라는 것을 함께 기억하면 좋겠다.

이처럼 우리는 이제 제품을 소유하지 않고 기능만 사용하면 된다. 필요할 때마다 가져다 쓰면 된다. 사용한 만큼 돈만 내면 된다. 필요한 것은 기능일 뿐이다. 정리하는 의미로 여기에서는 두 가지만 기억하자.

| 구독경제 〈전략〉 제대로 파악하기 |

On-demand Software

(원하는 소프트웨어를 클릭 한 번으로 사용한다.)

PAYGO = 'Pay-as-you-go'의 줄임말

(사용한 만큼 내는 종량제 요금제)

물론 이 외에도 4차 산업혁명에 해당하는 핵심 기술이나 관련 키워드를 알아두면 도움이 될 것이다. 예를 들어 자율주행 자동차, 사물인터넷(IoT), 모바일, 빅데이터, 로봇, 인공지능, 가상현실(VR), 핀테크, 3D 프린팅, 공유경제, 드론, 디지털 헬스 케어, 바이오 헬스 등 우리가 공부해두면 좋을 분야는 무궁무진하다.

터치가 필요해

오늘날 인간의 수명은 100세까지 늘어났고, 기술의 혁신은 눈부시게 놀랍다. 그리고 그 수혜를 입을 사람들은 어쩌면 젊은 세대보다 65세 이상의 노년층일지도 모르겠다. 최첨단의 시대에서 쏘아 올리는 놀라운 혜택들을 아날로그 시대를 살아온 사람들이 먼저 누리는 이 묘한 아이러니라니! 이래서 세상은 살아 볼 만한 것 같다.

실제로, 휴머노이드 로봇 회사인 보스턴 다이내믹스의 창업자 마크 레이버트 MIT 교수의 말에 따르면, '로봇은 핸디캡을 가진 사람을 타깃으로 해야 한다'고 한다. 이 말대로라면, 핸디캡을 가장 많이 가진 사람은 초고령 노인이다.

그러고 보면 로봇과 고령화, 로봇과 시니어와의 삶은 많은 연결고리가 있는 듯하다. 아니나 다를까, 우리나라보다 20년 정도 고령화가 일찍 시작된 일본은 서둘러 고령화 사회를 준비했는데, 그 결과 2013년에 노인 돌봄 로봇이 등장했다. 그리고 실버 케어 로봇 시장도 점점 영역을 넓혀가고 있는 중이다.

그렇다면, 이렇게 혁신적으로 발전하는 기술은 100% 완벽할까? 그렇지 않다고 본다. 설령 놀라울 정도로 완벽한 기술을 선보인다고 하더라도 그것을 받아들이는 사람의 마음까지 완벽하게 감동시킬 수는 없을 것이다. 채워지지 않는 2%의 아쉬움, 부족함, 그것은 어떻게 해야 할까?

역시 사람이다. 사람이 답이다. 사람의 마음, 따뜻한 온기, 시선, 터치, 그것이 우리를 살아나게 한다. 힘나게 한다. 용기를 심어준다. 다시 일어나게 해준다. 98%의 혁신적인 기술, 대단한 인공지능과도 바꿀 수 없는 고귀한 것이다. 그것이 인간적인 휴먼 터치이다.

| 구독경제 〈전략〉 제대로 파악하기 |

역할 대행 서비스

최근에 TV에서 모 드라마를 보는데 남자 주인공 직업으로 '역할 대행'이라는 것이 등장한다. 말 그대로 상대방이 필요한 것을 해결해주는 역할이다. 결혼식에 하객이 필요하면 하객으로, 가족이 필요하면 그날만 일일 가족이 되어주는 역할 대행이다. 업체에 무엇인가를 요청하는 사람이나 수락하는 사람이나 서로 아무 것도 묻지도 따지지도 않고, 그저 필요한 일만 요청하고 들어주는 것. 그리고 거기에 따른 비용만 오고 가는 것. 그러면 끝나는 것. 그것이 역할 대행이다.

그런가 하면 '역할 대행'이라는 명함만 없었지 이것과 비슷한 맥락의 이야기가 얼마 전 모 예능 프로그램에 있었다. 지역 기반의 중고거래 플랫폼 '당근마켓'을 이용해 각자가 필요한 것들을 올리는 내용이었다.

어떤 사람은 '자전거 가르쳐주실 분 찾습니다.'라는 글을 올렸고, 또 다른 사람은 '고기가 먹고 싶은데 식당에 혼자 가기가 쑥스럽네요. 같이 가실 분 동네에 있을까요?' 이런 글을 올렸다. 글을 올린 당사자들은 당연히 방송인 줄 몰랐기에 유재석 씨가 나타났을 때 너무 깜짝 놀랐으나 선물처럼 다가온 그 시간을 즐겁게 누렸다. 그 프로그램을 보는 사람들도 다들 흐뭇했다.

내가 누군가를 필요로 하는 순간, 어디선가 영화 속 홍 반장처럼 나타나는 사람이 있다면 어떻게 반하지 않겠는가. 아마도 그 방송 전, 후로 사람들은 비슷한 글을 올리고 있을 것이라 생각한다. '벌레 잡아줄 분 있나요?', '장거리 운전 대신 해주실 분 있나요?', '반려동물 한 시간만 산책시켜주실 분 있나요?' 등등… 무엇인가를 요청하고 들어주고, 마치 역할 대행 같은 사연들을.

이런 이야기를 왜 이렇게 하는 것일까? 1인 가구가 늘어나고 혼자 사는 노인 인구가 점점 많아지며 고령화가 증가할수록 역할 대행이 늘어날 확률이 높기 때문이다. 다음과 같은 대행 말이다.

 – 착한 아들, 딸 대행 구합니다.
 – 기차나 비행기 같이 탈 동반자 구합니다.
 – 청소 대행 구합니다.
 – 동네에서 같이 식사할 분 구합니다.

사실, 우리나라에는 이미 역할 대행업체가 많다. 옛날에는 '심부름센터'라는 이름으로 있었는데 시대가 변하면서 단순한 일부터 좋은 일, 험한 일 등 이것저것 가리지 않고 다 해주는 업체들이 많이 생겨나고 있다.

실제로 너무 바쁠 때는 누군가 대신 좀 해줬으면 하는 일도 있다. 그럴 때 대행 서비스의 필요를 확실히 느끼게 된다. 가령, 사람들이 많이 찾는 역할 대행을 보면 이렇다. 공항 주차나 맛집 줄서기 대행, 중고물품 거래 대행, 출장 세차 대행, 그밖에 이별 인사 대행, 퇴사 후 짐 정리 대행 등 불편한 상황을 모면하고 싶을 때 대신 부탁하는 경우도 있다고 하니 역할 대행의 세계도 참 다양하구나 싶다.

퍼펙트 패밀리

우리 사회는 최근 몇 년 사이 여러 가지 이유로 가족이 해체되면서 가족의 개념도 바뀌고 있다. 그런 가운데 지난해 국립현대미술관에서 전시된 〈올해의 작가상 2019〉 작품 중, 설치 미술가 박혜수 씨의 〈퍼펙트 패밀리(Perfect Family)〉를 접하게 됐다. 〈퍼펙트 패밀리〉는 가상으로 설립한 '휴먼 렌탈 서비스 회사'인데, 제목에서 알 수 있듯이 역할 대행, 전화 대행, 상황극 서비스 등을 하는 곳이다. 가상이었지만 실제 같기도 했던 서비스 회사. 묘한 울림을 주었던 회사. 퍼펙트 패밀리의 홍보 문구를 나눠본다.

- 당신이 원하는 완벽한 가족이 되어드리겠습니다.
- 가족보다 더 가족 같은 모습으로 당신 곁에 있겠습니다.
- 마음이 이어지는 가장 가족 같은 가족으로 당신을 이해하겠습니다.
- 가족이 필요할 때마다 가족을 빌려드리겠습니다.
- 당신에게 가장 도움이 필요한 순간 의지할 가족도, 친구도 없을 때 우리가 함께하겠습니다.

그래도, 그럼에도, 그러니까 휴먼 터치

이제 다시 돌아와 가장 중요한 '휴먼 터치' 이야기를 해보자. 결국 이 이야기를 하고 싶어서 1인 가구 증가 이야기며, 고령화 시대에, 가족 해체, 역할 대행까지 줄줄이 엮은 것이니까. 그만큼 사람이 중요하다는 이야기를 하고 싶었던 것이니까 말이다.

휴먼 터치는, 인간의 온기를 전달하는 사람 중심의 언택트(Untact) 마케팅을 말한다. 어떤 면에서는 '인간의 손길은 여전히 필요하다'는 것을 중요하게 여기는 마케팅이기도 하다. 즉, 고객의 피드백을 받아서 데이터를 계속 업데이트(수정, 보완)해야 하는 과정에 반드시 '휴먼 터치'가 있어야 하는 것이다.

그럴 때 비로소 구독경제가 완성된다. 즉, 완전한 구독경제는 기계 + 전문가 + 고객이라는 삼박자의 커뮤니케이션이 잘 이루어져야 하는 서비스라 할 수 있다. 일차적으로 인공지능이 추천해주면 최종적으로 전문가 큐레이션이 결정해서 고객의 감정을 자극해주는 것으로 이해하면 되겠다.

또다시 묻는다. 진정한 구독경제란 과연 무엇일까? 앞으로의 구독경제의 흐름을 예상해보자. 어떻게 흘러갈 것이라고 생각하는가? 가장 확실하게 말할 수 있는 한 가지는 이렇다. 고객과의 관계를 다시 정립하고 제대로 만들어 가려는 기업만이 경쟁력 있게 살아남을 것으로 보인다. 기존의 인공지능에 기반을 둔 알고리즘으로 추천해주는 구독경제는 분명히 한계가 있다.

그 한계는 기계는 결코 인간을 대신할 수 없다는 것이다. 기계와 인간이 고객을 함께 관리할 때 좋은 시너지를 낼 수 있고 그것이 기업이 지향해야 할 미래의 구독경제 모습이라고 생각한다.

아무리 코로나 팬데믹의 영향으로 우리 삶의 많은 것들이 온라인으로 바뀌었다고 해도 모든 영역에 다 적용되는 것은 아닐 것이다. 오프라인과 온라인을 융합한 것이 필요하기도 하다. 대면과 비대면이 어우러지는 비즈니스도 있어야 한다. 마찬가지로 진정한 구독경제는 기계와 인간이 융합하여 고객의 불편함을 해결해주면 되는 것이다.

세계 최대 규모의 온라인 쇼핑몰 '알리바바'의 창업자 '마윈'은 이런 명언을 남겼다.

〈 기회는 어디에나, 어느 누구에게나 있다.
특히 사람들이 불편해하고 불평하는 곳에 기회가 있다.〉

또한, 이 시대의 지성, 이어령 교수는 한 인터뷰에서 이런 이야기를 남겼다.

〈 자본으로 지배하던 시대는 끝났고
마음으로 장사하는 시대 공감의 시대가 열렸다.〉

| 구독경제 〈전략〉 제대로 파악하기 |

고객이 불편해하는 것이 무엇인지? 진정으로 원하는 것이 무엇인지? 그 마음의 소리를 듣고자 노력할 때 길은 열릴 것이다.

2년 가까이 코로나의 위기를 지나온 우리는 이제 다시 시작해야 할 때가 왔다. 위기라고 생각한 시간들이 기회의 시간이 된 셈이다.

뉴노멀 시대를 읽을 줄 알아야 새로운 비즈니스 환경에서 살아남을 수 있다. 이제 그 이야기를 〈3장〉에서 이어가보려 한다.

구독경제 〈완성〉
이렇게 다가가기

1

MZ세대는
미래 고객

대중성 있는 스토리텔링, 내러티브가 필요하다

그동안 기성세대들이 어떤 제품을 구매하기 위해 직접 오프라인 매장을 찾거나 지면 광고를 매개로 했다면 젊은 세대들은 SNS에서 만날 수 있는 '내러티브(Narrative)'를 선호한다. 즉, 관련 해시태그만 검색하면 또래들의 실제 경험을 알 수 있다.

그 제품을 처음 구입 혹은 구독 후 사용해본 소감, 괜찮아서 계속 사용하는 경험담 등을 단번에 찾아낼 수 있다. 물론 그중에는 광고성 글도 섞여 있을 수 있다. 하지만 젊은 친구들은 대체로 솔직하게 쓴다. '내 돈 내 산(내 돈 주고 내가 산 물건을 줄여 부르는 신조어)'이라고 직접 표시하니 오히려 신뢰가 간다. 이른바 이런 대중성 있는 스토리텔링이 오히려 더 효과적인 것이다. MZ세대에게는 이런 식의 접근이 더 영향력이 있다는 것을 알아두는 것이 미래 고객을 읽는 첫 번째 포인트이다.

코로나 19로 인해 소유에서 사용으로 소비의 초점 자체가 바뀌면서 모든 상품이 구매에서 렌탈 서비스 방식으로 바뀌기 시작했다. 말하자면 모든 산업의 패러다임이 바뀌고 있는 것이다. 지금까지 전통산업에서는 기업과 고객 간의 거래의 목적물은 상품 소유권이었다. 기업은 상품 소유권을 양도함으로써 판매 수익을 획득하고, 고객은 돈을 지불해 상품 소유권을 획득했다.

| 구독경제 〈완성〉 이렇게 다가가기 |

그러나 이제는 상품 소유권을 거래하던 방식에서 상품 사용권을 임대하는 방식으로의 전환이 이루어지고 있다. 이것은 곧, 전통산업 모델과 지금의 구독모델을 구분하는 근본적인 차이로 볼 수 있을 것이다.

우리의 미래는 정말 불가피한 것인가?

세계 최고의 과학 기술 문화 전문 잡지 〈와이어드-Wired〉의 공동 창간자이자 편집장이었던 케빈 켈리(Kevin Kelly)는 IT산업계에 많은 인사이트(Insight)를 주는 인물로 유명하다. 베스트셀러 작가이자 기술 칼럼니스트로 명성이 자자한데, 그의 저서 『인에비터블(The Inevitable), 미래의 정체』에서 그가 제시하는 이야기를 보면 이렇다. 미래에는 자원의 사용권이 소유보다 더 중요해질 것이며 사람들이 서비스를 획득하는 방식을 통해 현물을 점유할 것이라고 소개하고 있다. 말하자면 완전히 새로운 렌탈 경제 시대가 이미 도래했다는 것이다.

이 책의 제목에서도 알 수 있듯이 '인에비터블'이라는 뜻은 '불가피한'이라는 의미로, 이제 우리의 미래는 말 그대로 '불가피한' 상황에 놓여있다고 할 수 있다. 모든 경제 산업의 패러다임이 구독경제로 바뀌는 것이 더 이상 불가피한 상황이라는 것을 받아들여야 한다는 이야기일 것이다. 그리고 이 흐름을 가장 빠르게 흡수하는 세대는 역시 MZ세대라는 사실! 이것을 함께 기억하도록 하자.

소확행과 노멀 크러시

다시 한 번 정리하면, MZ세대는 소비 개념에 커다란 변화를 보이고 있다. 그들은 개인화된 소비를 지향하고 있고, 취업난 등 여러 가지 처한 상황이 어렵다고 해서 거기에 주눅이 든다거나 포기하는 것이 아니라 오히려 보란 듯이 질 높은 삶을 원한다. 내가 할 수 있는 선에서 방법을 찾는 이른바 '나만의 현명한 소비'를 찾는 것이다.

여기서 잠깐, MZ세대의 특징이 드러나는 용어를 하나 살펴보면 '노멀 크러시(Normal Crush)'라는 것이 있다. 사전적 정의는 다음과 같다.

– '보통', '평범한'을 의미하는 단어 〈normal〉과 '반하다'
  는 뜻을 가진 단어 〈crush〉를 결합한 합성어로 '평범함
  이 멋지다'라는 뜻이다.

그러니까 사회가 정한 기준, 기성세대가 정한 기준을 따르기보다는 개개인 자신이 세운 기준에 따라 작고 소박하지만 행복한 일상, 소소하고 평범하지만 타인이 아닌 내가 만족한다면 그것으로 괜찮은 일상, 그것만으로도 충분히 만족할 수 있다는 것. 바로 그런 삶에서 위안을 찾는 젊은 세대들을 가리키는 용어이다.

한동안 연예인들의 소탈하고 솔직한, 꾸밈이 없는 일상을 보여주는 예능 프로그램이 많은 사랑을 받고 공감을 얻은 것도 화면 밖에서는 바로 나와 똑같이 평범한 젊은 세대구나, 하는 것을 느꼈기 때문이다. 그런 공감 콘텐츠에 젊은 세대들은 즉각 반응하고 공감하는 것이다.

그리고 발 빠른 기업들은 그런 순간을 놓치지 않고 포착한다. 그래서 어떻게든 소비 혹은 경험, 서비스로 연결시킨다. 제조업, 유통업, 금융업 모두 가리지 않고 그들의 마음을 사로잡기 위해, 공감대를 확장시키기 위해 부단히 애를 쓴다. 그것이 자본시장의 논리이니까. 말하자면 노멀 크러시는 최근 몇 년 사이 화두였던 '소확행'이라는 단어와 비슷한 느낌이다. 소소하지만 확실한 행복. 내가 이룰 수 없고, 붙잡을 수 없는 거창하고 화려한 것에 연연하며 긴긴 시간을 불행해하기보다는, 당장에 이룰 수 있는, 내 힘으로 거뜬히 해낼 수 있는 소소한 행복을 맛보겠다는 것이다.

바로 여기에 많은 사람이 손을 들어 자신의 마음을 나타냈다. 그리고 실천했다. 명품 백, 명품 옷이 아니어도 괜찮았다. 힘들게 일해서 받은 월급의 절반으로 그것들을 사느니, 그리고 한 달 후에 카드 값을 갚기 위해 괴로워하느니, 차라리 오늘 저녁 한 끼를 맛집에서 해결하는 것을 선택했다. 분위기 좋은 카페에서 맛있는 커피도 마시고 근사한 뷰(view)를 배경 삼아 인스타용 갬성(감성)사진을 찍어 올리는 것을 선택했다.

차라리 이런 것들이 훨씬 더 즐겁고 행복하다고 생각한 것이다. 별로 대단할 것 없는 평범한 것들이지만 이 소소함이 가져다주는 즉각적인 행복, 바로 이것이 소확행이다. 그리고 다른 사람들의 행복이나 성공 기준과 상관없이 내가 만족하고 행복하면 그것으로 괜찮은 것, 바로 노멀 크러시인 셈이다.

누군가는 그럴지도 모르겠다. 젊은이여 꿈을 크게 가져라! 원대한 꿈을 품어라! 더 큰 행복과 성공을 추구해라! 하지만,

소확행이나 노멀 크러시의 가치가 감히 작은 것이라고 그 누구도 함부로 재단할 수 없는 것 아닐까?

이제 중요한 것은 MZ세대들의 이런 특징을 잘 고려하는 것이겠다. 그들은 특히 제품의 무조건적인 소유가 아니라 이것을 내가 사용할 수 있는가? 경험할 수 있는가? 여기에 우선순위를 두고 생각하고 판단한다. 그렇기 때문에 소비자와 직접 소통하는 가운데, 소비자의 개인 정보 및 그들이 선호하는 데이터를 지속적으로 얻게 될 때 소비자, 즉, 사용자에 대한 정확한 큐레이션이 가능해질 것으로 본다.

2

이제는
메타버스 시대

메타버스, 3차원의 가상 세계

우리 모든 경제 산업의 패러다임이 구독으로 바뀌고 있다고 반복적으로 설명하고 있다. 그만큼 중요하기 때문이다. 그런데 이것과 함께 또 하나 주목해야 할 것이 있다. 바로 '메타버스'인데 이미 엔터테인먼트(Entertainment) 업계와 주식 시장 등에서는 '메타버스'가 중요한 화두로 떠오른 지 좀 됐다. 바야흐로 '메타버스'로의 시대가 도래했다는 것이다. 언택트(un-contact=Untact) 시대가 되면서 그 속도가 확실히 빨라지고 있는 셈이다.

메타버스(Metaverse)는 '초월'이라는 뜻의 메타(Meta)와 '현실

| 구독경제 〈완성〉 이렇게 다가가기 |

세계'라는 뜻의 유니버스(Universe)가 합쳐진 단어로 '초월한 세상, 3차원의 가상 세계'를 의미한다.

아바타가 만들어낸 가상 세계로 아바타를 가지고 놀기도 하고 사람을 만나기도 하고 공부하기도 한다. 이곳에서 경제 활동도 할 수 있다. 그야말로 새로운 세상이다. 관련 업계 종사자가 아닌, 기성세대에게는 아직 용어 자체도 낯설지만, 2030 세대들은 그리 낯설지 않다. 이미 페이스북, 인스타그램, 틱톡 등에서 자유롭게 노는 것처럼 메타버스를 즐기는 젊은 세대들이 많다.

기성세대라고 뒷짐 지고 어색해할 필요가 없다. 우리가 지금 스마트폰을 사용하면서 새로운 세상을 만나고 있듯이 이것도 또 하나의 신세계, 새로운 세상으로 받아들이면 된다.

사실 지금 우리가 어느새 익숙하게 사용하고 있는 대표적인 SNS를 떠올려 보자. 인스타그램 친구, 페이스북 친구라고 해서 실제 나와 연관이 있는 친구나 지인들이 그곳에서 온라인 친구가 되기도 하지만, 살면서 단 한 번도 만나지 않은 사람들, 아예 전혀 모르는 사람과도 얼마든지 친구가 되지 않는가?

알고리즘에 의해 2~3명만 거치면 아는 사람이 줄줄이 연결되어 '추천 친구'가 뜨기도 하고, 연예인이나 유명 인사들의 경우 존경심이나 호기심을 이유로 내가 먼저 '친구 신청'을 할 수도 있다. 여기에 상대방이 수락을 해주면 자연스럽게 친구가 된다. 지구 반대편에 있는 사람과도 친구가 될 수 있는 신기하고 놀라운 세상이다. 바로 이렇게 SNS 안에서는 전 세계 누구든 나와 친구 맺기가 된 사람들이라면 얼마든지 소통이 가능하다. 결국 SNS는 이런 기능의 장점 덕분에 비즈니스를 확장하려는 기업 조직들의 마케팅 용도로 쓰이는 거대 플랫폼으로 진화하고 있다. 이와 마찬가지로 이제는 메타버스가 그 뒤를 잇는다고 생각하면 될 것 같다.

메타버스 아이돌 그룹 '에스파'

메타버스에 대해 쉽게 이해하기 위해 아이돌 그룹을 떠올려보자. 메타버스 아이돌 그룹 '에스파(aespa)'는 2020년 11월에 데뷔한 4인조 걸 그룹이다. 가상 캐릭터를 도입한 최초의 걸 그룹인 셈이다. SM엔터테인먼트에서 선견지명이 있었던 것일까? 당시 데뷔곡 '블랙맘바(Black Mamba)'는 자신의 또 다른 자아인 아바타와 자신은 하나라는 뜻을 갖고 있다고 한다. 최근 열풍이 불고 있는 메타버스 세계를 가장 잘 나타내는 말이다.

에스파 〈카리나, 윈터, 지젤, 닝닝〉 4명의 멤버로 구성된 그룹이다. 하지만, 자신들과 똑같이 생긴 아바타와 함께 데뷔해 활동하기 때문에 8명으로 생각할 수도 있다. 가상 세계의 아바타 4명과 현실 세계의 멤버 4명이 서로 소통하는 재미있는 세계관을 보여주고 있다. 생각하기에 따라 아니, 보는 시각에 따라 에스파의 멤버 숫자는 4명일 수도, 8명일 수도 있는 재미있는 콘셉트이다.

출처: SM 엔터테인먼트

이렇듯 메타버스는 우리 일상 속으로 하나 둘 가까이 다가오고 있다. 인류는 이제 '디지털 지구'로 이주하는 것이라고 한다. 생소하지만 적응하려고 애써보자. 처음에 인터넷을 사용하게 됐을 때 우리는 어땠는가? 그 최첨단 기술에 놀라지 않았던가? 그리고 스마트폰이 나왔을 때는 어땠는가? '손 안의 작은 세상'이라고 해서 이것 하나만 있으면 못 할 것이 없는 세상이 됐으니 생각할수록 기술의 발전은 가히 놀랍다.

메타버스 역시 이런 식의 발전으로 생각하면 될 것 같다. 우리가 10년 전, 20년 전에 생각하지 못했던 인터넷과 스마트폰처럼 이제는 '메타버스'라는 아직은 생소한 용어가 등장한 것일 뿐, 곧 익숙해질 세상이 올 것이다. 물론, 이미 선두주자들은 당연히 있다. 앞서가는 사람들이 있어야 따라가는 사람들이 있고, 적응하며 배우는 사람들도 있는 법이니까. 그런 모습들을 보면서 보완하고 개선해 후발주자들이 또 생겨나기도 하는 것일 테니까.

이제 우리가 익숙하게 다니고 생활했던 오프라인 공간은 우리 삶의 모든 영역에서 점점 축소되고 있다. 코로나 19의 영향이 그 시기를 많이 앞당긴 요인이 되기도 했지만, 결국 이렇게 되는 것이 수순이었던 것 같다. 메타버스 시대에는 극장, 놀이공원, 공연장, 실시간 경기장 등을 직접 가지 않고도 가상현실 장비로 마치 현장에 있는 것처럼 비슷하게 경험할 수 있기 때문이다.

| 구독경제 〈완성〉 이렇게 다가가기 |

디지털 기술이 이렇게나 산업의 판도를 바꾸어 놓고 있다. 이 것은 다시 말해 눈부신 발전의 기술을 통해서 새로운 비즈니스를 할 수 있는 기회가 된다는 것이기도 하다. 새로운 제품을 개발하고, 새로운 서비스에 많은 사람을 참여시켜서 서로서로 접속하게 하는 것! 모두 함께 융합하게 하는 것! 바로 그렇게 고객에게 새롭고 참신한, 놀랍고도 신비한 경험을 하게 만드는 것이 메타버스 시대에 필요한 역할이자 과제인 것이다.

데이터 휴먼

이제 미래 시대가 오면 어떤 사람이 성공할까? 메타버스 시대가 오면 데이터에 대해 가장 잘 알고, 많이 알고, 유능하게 대처하는 사람이 성공할 확률이 높다. 그렇다면 여기서 말하는 데이터 휴먼(Data Human)이란 어떤 사람을 가리킬까? 130만 유튜버 김미경 씨가 자신의 유튜브 채널 〈김미경 TV〉에 올려둔 이 콘텐츠를 접한 순간 옳거니 무릎을 치면서 보게 됐다. 여기에 옮겨 본다.

〈데이터 휴먼〉

1) 나는 나로 사는 시간보다 데이터로 사는 시간이 더 길다.

2) 혼자 가만히 있을 때는 돈이 안 되다가 데이터를 만들

면 돈이 된다.

3) Image Data, Text Data, Video Data 등 디지털 전환을 잘해야 사업이 된다.

4) 네이버, 카카오, 구글, 페이스북, 인스타그램, 아마존 등 다들 내가 준 데이터로 점점 더 강력하게 스마트해지고 있다.

김미경 씨는 강조한다. 앞으로 우리는 데이터 휴먼으로 살아야 한다고. 왜? 제품을 만들고 홍보하고 사고 파는 일, 돈을 거래하고 투자하는 모든 과정이 온라인에서 이뤄지기 때문이라는 설명이다.

이제 우리가 사는 세상은 로봇이 인간을 대신해 일하는 그런 시대가 올 것이다. 인간은 1주일에 3일만 일해도 되는 시대, 어쩌면 하루에 4시간만 일해도 되는 시대가 올지도 모른다. 대신, 로봇은 밤낮없이 24시간 일하게 만들면 된다. 로봇이 일하면 그 옆에서 로봇을 컨트롤 하면 된다. 드론이나 자율주행차를 타고서. 그럼 인간은 그 안에서 무엇을 할까? 그것을 찾는 것이 앞서 나가는 사람들이 해야 할 일이다. 바로, 니즈(Needs)를 찾아서 원트(Want)로 바꾸는 사업! 그것을 먼저 선점하는 사람과 기업이 성공할 것이라고 본다.

즉, '퍼스트 무버(First Mover)'가 되어야 한다. 새로운 분야를 개척하는 사람이나 기업을 뜻하는 퍼스트 무버. 메타버스 시대에는 퍼스트 무버가 필요하기 때문이다.

엔터테인먼트 업계에서 메타버스가 진즉에 화두에 올랐다는 이야기를 앞서 전했다. 또한 메타버스 아이돌 그룹 '에스파(aespa)'의 데뷔 이야기도 언급했다. 이런 것들만 봐도 알 수 있듯이 SM엔터테인먼트 이수만 회장 겸 총괄프로듀서는 이미 수년 전부터 '셀러브리티와 로봇의 세상'에 대해 고민해왔다고 한다. 이는 그동안 여러 인터뷰 기사를 통해 많이 소개가 된 내용이다.

말하자면, 빅데이터에 의한 로봇의 발달이 중요한 역할을 한다는 것인데, AI 기술을 통해 개개인에 특화된 아바타가 탄생하는 것이다. 그리고 그것은 곧 우리의 라이프 스타일에 스며든다. 나와 아바타가 삶을 함께 영위하는 것이다. 마치 살아있는 사람처럼, 나의 친구처럼 말이다.

상상해보라. 내가 좋아하는 아바타가 내 옆에 만들어져서 나랑 같이 있는 모습을. 만약 유명한 셀러브리티가 우리 집에서 나를 대신해 내가 할 수 없는 어떤 일들을 해준다면 그것만으로도 획기적인 일 아니겠는가.

2030년이 임계점의 해

미래 예측이 담긴 화제의 도서 『2030 축의 전환』이 있다. 세계적인 경영 석학 '마우로 기옌'의 저서로 MKTV(김미경 유튜브 대학) 김미경 대표를 비롯해 많은 사람들이 공감하고 극찬한 책이기도 하다.

이 책에서도 역시 강조한다. 위기를 인지하고 변화를 인지하는 사람에게만 기회가 온다고. 지난 2년여 동안 누구도 경험해보지 못한 대변혁의 길목에서 기업과 개인은 이제 어떤 선택을 내려야 할까? 새로운 시대가 다가오고 있는 지금이 수많은 기회도 포착할 수 있는 좋은 기회라는 것을 우리는 함께 기억해야 할 것이다.

3

팬데믹 이후
달라진 삶,
트렌드 전문가가 필요하다

팬데믹 이전과 이후의 삶

팬데믹 이전에도 그랬지만, 이후에는 더더욱 확실해졌다. 어떤 상황에서든 대체불가한 자기만의 힘이 있어야 이 험난하고 치열한 세상에서 살아남을 수 있다. 자기만의 콘텐츠, 다른 사람과 차별화된 나만의 플랫폼이 있어야 지독한 생존경쟁에서 살아남을 수 있다. 만약 아직 이런 것이 없다면 이제라도 준비하고 공부하자. 시간 내서 투자하고 대비하자. 가만히 앉아서 한숨만 내쉴 수는 없다. 변화를 원한다면 내가 먼저 변해야 한다. 시대의 흐름에 같이 발 맞춰 나가면 된다.

팬데믹 이후, 다들 각자의 삶의 영역에서 느끼고 있겠지만 정말 많은 것들이 바뀌었다. 아마 예전처럼 일상 회복이 되더라도 2년 여 가까이 비대면 생활에 익숙해진 사람들은 어쩌면 다시 그 옛날로, 팬데믹 이전의 생활로 돌아가기란 쉽지 않을 것이다. 예를 들어, 자동차 구입 전에는 걸어 다니던 사람이 자동차를 구입한 다음에는 웬만해서는 걸어 다니지 않는다. 가까운 거리도 차를 타고 이동하려고 한다. 그만큼 습관이 무섭다는 이야기이다.

이미 많은 기업에서 출, 퇴근 문화에 변화가 생겼다. 원격근무, 재택근무를 해도 그다지 큰 문제가 발생하지 않은 것이다. 아마도 이 방식을 보완해 계속 유지할 확률이 높다. 더불어 이 영향으로 '홈 오피스 시장'도 커졌다. 비대면 생활 속 급부상한 영역인 셈이다. 이렇듯 각 기업과 대학은 온라인으로, 각 가정에서는 간편식으로 식사를 대체하면서 트렌드가 점점 바뀌고 있다. 그 바람에 동네에서 오프라인으로 식당을 운영하는 자영업 종사자들은 살아남기가 더 어려워졌다. 물론 포장이나 배달 가능 식당으로 전환하면서 영업 전략을 모색한 곳들도 많지만 그마저도 어려워하는 식당들도 있으니까 말이다. 그렇다고 그냥 그대로 포기하고 말 것인가? 언제나 답은 내 안에 있다. 자신에게 묻기를 바란다.

| 구독경제 〈완성〉 이렇게 다가가기 |

어찌됐든 이런 위기의 때에 시장의 흐름이 어떻게 흘러가는 지 파악하는 것이 정말 중요하다. 지금 우리 사회의 트렌드가 무엇인지? 비즈니스가 어느 편에 서 있는지? 스스로 공부하고 노력하는 자세가 필요하다. 나에게 시뮬레이션 해보는 태도가 중요하다.

위기의 또 다른 이름은 새로운 기회를 만드는 긍정적인 시기일지도 모른다. 좋은 타이밍이다. 변화 속에서 공부해서 트렌드 전문가가 되는 것도 좋은 방법이다.

직업이 학생

한국을 대표하는 트렌드 분석가, 김용섭 소장은 자신의 저서 『프로페셔널 스튜던트(Professional Student)』에서 이런 이야기를 전한다.

– 지금 직장인이라면 스스로에게 냉정히 질문해보라.
과연 당신의 직업은 로봇으로 대체될 확률이 얼마나 되는가?
만약 당신의 직업이 독창적인 해결책이 필요하지도 않고
매뉴얼에 의존하듯 단순 반복되는 일이거나,
다른 사람과 도움을 주고받는 관계 없이 혼자 처리할 수 있거나
좁은 공간에서 일해도 무방하며,

협상력이 요구되지도 않는 일이라면 미래에 대해 조금은 불안해해야 한다. 알고리즘으로 풀어내거나 프로그램으로 만들어낼 수 있는 일이라면
일자리가 사라질 미래를 감수해야만 한다. -

섬뜩하지 않은가? 그만큼 이 시대의 변화를 대비해 공부해야 한다는 이야기일 것이다. 이 책의 제목에서도 알 수 있듯이 -프로페셔널 스튜던트- 즉, '직업이 학생'이 되도록 우리는 계속, 끊임없이, 평생, 무엇이든 공부하고 또 공부하는 것이 옳지 않을까 싶다.

실제로 올해 초 국제노동기구(ILO)가 발표한 내용에 따르면 코로나 19 탓에 전 세계적으로 사라진 일자리가 금융위기 때의 4배에 해당하는 2억5500만 개로 추정된다고 하니 시대의 흐름에 민감하게 반응하는 것이 무엇보다 중요하겠다.

실무 중심으로, 실력 중심으로, 내가 가장 잘할 수 있는 것에 투자하는 것이 방법일 것 같다. 미래가 준비된 사람은 빠르게 다가오는 변화를 견딜 수 있지만 그렇지 않은 사람은 견딜 수 없을 테니까 말이다.

| 구독경제 〈완성〉 이렇게 다가가기 |

진정한 트렌드 전문가

진정한 트렌드 전문가란, 눈에 보이지 않는 곳까지 파고들어 새로운 트렌드를 예측해야 할 것이다. 또한 단절보다는 소통을 택해야 하고 자신과 자녀들, 배우자, 직장 등을 위해서 올바른 결정을 내릴 줄 알아야 한다. 그러기 위해서는 다가오는 변화에 대해서 제대로 감지해야 한다. 변화에 대해서 제대로 모르면 올바른 결정과 선택을 할 수가 없기 때문이다. 그렇다면 올바른 선택을 위해서는 어떻게 해야 할까? 크고 작은 변화들을 어떻게 예의 주시해야 할까?

앞에서도 잠깐 언급한 『2030 축의 전환』의 저자 '마우로 기옌'은 이렇게 표현한다. **– 모든 것이 한꺼번에 뒤바뀌는 시대적 변화는 사소하고 작은 변화들이 모여 서서히 진행된다. –** 이 말을 기억하며 너무 조급해하지 말기로 하자. 각자의 자리에서 내가 할 수 있는 것들부터 차근차근 하나씩 해나가기로 하자. 이것이 우리가 지금 보일 수 있는 최선일 테니까 말이다.

방법적인 문제는 다음 페이지에서 계속 이어진다. 함께 고민해보자.

4

미래의 직업,
창직이 답이다
(인공지능과 함께하는 Job)

디지털 튜터

SNS를 하거나 인터넷 포털 기사를 검색하다 보면 요사이 눈에 띄는 직업이 있다. 그 직업 이름 앞에는 이런 수식어가 붙어 있다. 3년 내로 뜰 직업, 혹은 미래 직업 1순위. 바로, '디지털 튜터(Digital Tutor)'를 두고 하는 이야기이다.

디지털 튜터는 말 그대로 '디지털 이용을 안내하는 선생님'이라는 의미로 시니어 계층의 디지털 문맹 탈출을 돕는 직업이다. 일상생활에 필요한 스마트폰과 태블릿 PC 등 모바일 기기 활용법을 안내하는 것으로 인기 강사로 유명한 김미경 대표가 운영하는 온라인 교육 플랫폼 MKYU에서 주로 양성하고 있다.

그야말로 시대의 흐름을 제대로 읽은 의미 있는 프로그램이라는 생각이다. 디지털 시대에 반드시 필요한 직업이자 시니어 계층에서 특히 겪을 수 있는 디지털 격차 해소를 위해 누구라도 나섰어야 하는 일이라고 생각한다. 늘 공부하고 연구하는 인물답게 김미경 씨가 멋진 일을 시작한 셈이다.

김미경 대표가 이끌어나가는 온라인 교육 플랫폼 MKYU는 이를 위해 민간자격증 '모바일 디지털 튜터'를 최초로 만들었다고 한다. 오랜 시간 경력 단절의 여성들에게는 새로운 일자리와 더불어 잃어버렸던 자존감을 회복시켜주고, 시니어들에게는 디지털 세상과 소통할 수 있는 기회를 주고 싶었다며, 온라인 교육 플랫폼의 설립 취지를 밝혔는데 시대의 변화를 꿰뚫어보는 안목이 그저 놀라울 뿐이다. '역시'라는 말이 절로 나온다.

2030 젊은 세대들이야 디지털 기기에 워낙 익숙한 세대들이니 '디지털 튜터'가 왜 필요하지? 싶을 수도 있겠다. 그렇다면 우리 주변의 모습을 떠올려 보자. 아직도 스마트폰

에 거래 은행의 어플리케이션을 깔고 업무를 보기보다는 직접 은행에 가서 업무를 보는 노년층이 많다. 심지어 은행의 ATM 기기를 이용하는 것이 아니라 번호표를 뽑고 자기 순서를 기다려 창구에서 직원에게 직접 원하는 업무를 해결하는 경우도 여전히 많다. 바로 그런 노년층을 위해서는 이제라도 디지털 교육이 절실히 필요하다. 변화의 흐름에서 소외받지 않도록 해줘야 한다. 일차적인 기회는 줘야 하는 것이다. 비슷한 맥락으로 패스트푸드점이나 식당을 가도 그렇다. 주문을 받는 종업원이 앞에 있는데 여기서 주문하지 말고 저쪽 문 앞에 있는 '키오스크' 기계에 가서 주문을 하라고 하면 당최 사용할 줄 모르는 노년층은 어떻게 해야 할까? 그때 누군가 옆에 있어서 도움을 받을 수 있다면 다행이지만 그렇지 않을 때는 정말 난감할 것이다. 그런 상황에 처한 노년층이 나의 할아버지, 할머니, 혹은 나의 아버지, 어머니라면 속상하지 않겠는가?

게다가 우리 사회는 본격적인 고령화 사회로 접어들고 있다. 그리고 디지털 변화의 속도 역시 점점 빨라지고 있다. 이런 분위기라면 지금의 4, 50대도 머지않아 디지털 소외 계층이 될지도 모른다. 남의 이야기가 아니라는 뜻이다. 우

| 구독경제 〈완성〉 이렇게 다가가기 |

리 사회에서 그 누구도 디지털 변화에서 소외되거나 피해 보는 일이 없도록, 그런 계층이 하나도 없도록, 순차적으로 그리고 점차적으로 전환하는 작업이 반드시 필요하지 않을까 싶다. 그런 의미에서 이런 온라인 교육 플랫폼에 거는 기대가 크다. 디지털 튜터라는 미래 직업의 전망이 상당히 희망적으로 느껴진다.

SNS를 소통의 창구로

미래 직업으로 디지털 튜터만 있는 것은 아니다. 뭐든 도전하고 배우면 된다. 기회가 된다면 젊은 멘토에게서 배울 점은 배우도록 하자. 젊은 세대들이 하는 유튜브, 블로그, 인

스타그램, 페이스북, 팟캐스트, 팟빵 등 할 수 있는 것들은 다 해보자. 블로그를 만들고 그곳에서 리뷰 쓰는 것부터 시작해도 좋다. 댓글 쓰는 것으로 상대방과 소통하는 것도 방법이다. 보이지 않는, 그러나 긴밀하게 연결돼 있는 온라인 세상에서의 대화가 어색하지 않은 것만으로도 충분히 의미가 있다.

흔히, SNS 하는 것을 두고 시간 낭비로 생각하는 사람들이 있다. 무엇이든 언제나 적정선을 넘었을 때가 문제가 되는 것이지 적당히 하는 것은 괜찮다고 본다. 한편, 다른 사람에게 보여주기 위한 것들이 아니냐는 의견도 있다. 아주 틀린 이야기는 아니지만 그 시선이 무서워서 아예 시작도 못하는 것은 어리석다고 생각한다. 보여주고 싶고 자랑하고 싶은 이야기는 얼마든지 공유하면 된다. 다만 거기에서 오는 부러움과 칭찬, 그리고 시기와 질투의 반응까지 모조리 다 받아들이면 된다. 때로는 다른 사람에게 보여주기 싫은 내용이 있을 수도 있다. 그럴 때 혼자 마음에 담아두기 싫어서 비공개로 타임라인에 글을 쓰거나 사진을 올릴 수도 있다. '나만 보기'로 하거나 공개 설정에 제한을 두면 된다. 말하자면 뭐가 됐든 하고자 하는 사람은 즐겁게 할 수 있는 방법을 찾는 것 같다. 반면 어떻게든 안 하고자 하는 사람은 빠져나갈 핑계만 찾는 것이 아닐까 싶다. 비단 SNS만의 문제는 아닐 것이다.

인공지능과 함께하는 JOB

이렇게 SNS를 통해서 온라인과 함께하는 시간과 어떤 기능에 익숙해지면 다른 일도 충분히 할 수 있을 것이라 생각한다. 앞에서 미래 직업으로 디지털 튜터를 언급했지만 이제는 인공지능과 함께하는 직업이 많이 생겨날 것이다. 시대의 흐름이 그렇게 흘러가고 있다.

인공지능과 함께하는 Job이 나의 미래 직업이라고 생각하면 설레지 않는가? 그러기 위해서는 우리가 이미 잘 알고 있는 세 가지 법칙! 도전하는 사람들이 즐겨 찾는 3C를 기억할 필요가 있겠다.

— Choice(선택) — Chance(기회) — Challenge(도전) —

이 3C를 통해서 내가 먼저 본이 되자. 그리고 내가 먼저 성공 모델이 되자. 내가 먼저 창조하는 개척자가 되자.

격동기에 오히려 기회가 있다. 새로운 모습의 직업으로 창직을 하면 된다.

안타깝게도 코로나 시대에 수많은 실업자가 생겼다. 뿐만 아니라 미취업자도 여전히 많고 조기 은퇴자도 늘어났다. 어려움을 겪은 소상공인, 자영업자, 그리고 오랜 시간 취업난을 겪고 있는 젊은이들까지 창직의 대상은 너무도 많다.

어쩌면 지금이 기회일지도 모른다. 새로운 직업으로 전환할 수 있는 완벽한 타이밍이다. 미래 시대를 준비하는 창직! 지금의 어려운 시기를 지혜롭게 관통하는 해법이 될 수 있다.

이때 창직의 형태, 조건이라면 미래 직업답게 인공지능과 함께하는 직업이 될 것이다. 소비자 즉, 개인에게는 타인에게 자랑하고 싶을 정도로 가치를 심어주는 일이어야 하고, 국가적으로는 사회적 기업이 함께하는 의미 있고 보람 있는 일이어야 할 것이다.

5

기술과 휴먼의 결합
= 구독경제의 완성

AI와 인간 큐레이션 협업이 중요해

구독경제에서는 무엇보다 차별화 전략이 중요하다. 새로운 시장에서 보다 새롭게 성장해야 한다. 그러기 위해서는 다른 사람들이 보지 못하는 것들을 내가 먼저 볼 수 있어야 한다. 눈에 안 보이는 것들을 마치 본 것처럼 이해하고 설명할 수 있어야 한다. 새로운 기회를 틈틈이 엿볼 수 있어야 한다. 언제나 신선한 것들을 먼저 선점해야 한다. 어떤 분야에서든 최고가 되기란 정말 힘들지만 최초가 되는 것은 더더욱 힘들다. 하지만 힘든 만큼 오래 간다. 소비자의 기억에서 지워지지 않는다. 코웨이 정수기가 그런 것처럼 말이다.

구독경제의 완성은 놀랍도록 훌륭한 기술만으로도 안 되고 인간의 힘만으로도 안 된다. 이 둘의 결합이 아니고서는 어렵다. AI와 인간 큐레이션이 협업해 고객의 니즈를 해결해주는 구독경제 시대에는 강력한 CRM을 통한 파트너십이 중요하다. 관계적 가치를 꾸준히 제공하는 것이 무엇보다 필요하다.

물론, 차별화된 가치와 퀄리티 높은 제품을 동시에 제공한다는 전제가 깔려 있는 것은 기본이다. 마케팅 논리에 있어서는 새로운 고객을 유치하는 비용보다 기존 고객을 유지하는 비용이 훨씬 더 적게 발생하기 때문이다. 실제로 고객유지율이 5% 증가하면 수익은 25% 늘어나는 효과라고 하니고객과의 파트너십, CRM이 얼마나 중요한 법칙인지 알 수 있는 대목이다.

재차 강조하면 이를 위해 기업은 고객에게 양질의 구독 제품과 서비스를 제공하기 위해서 끊임없이 고민해야 한다. 어떻게 하면 제품과 서비스의 가격을 더 낮출 수 있을 것인가? 그러면서 좋은 제품과 서비스를 제공할 수 있을 것인가? 반대로 고객은 어떻게 하면 더 쉽고 간편하게 좋은 제품을 구입할 수 있을 것인가? 나보다 나를 더 잘 아는 맞춤 서비스가 과연 가능한 것인가?

만약 이런 것들이 양쪽 모두에게 충족된다면 이보다 더 좋은 윈윈 전략은 없을 것이다. 구독경제 시대에는 사람이 물건을 찾아가는 것이 아니라 물건이 사람을 찾아갈 것이기 때문이다.

구독경제의 핵심 전략은 '맞춤'이 기본이라고 〈2장〉에서 강조했다. 그러나 아무리 기술의 속도가 놀라울 정도로 발전한다고 해도, 아무리 인공지능이 많은 것들을 대체한다고 해도, 100% 맞춤이라는 것은 어렵다. 어쩔 수 없이 부족한 2%의 영역, 그것은 사람이 해내야 한다. 결국 98%의 완벽한 기술에 전문가인 사람의 감성이 곁들여진 휴먼 터치가 있을 때 비로소 완성되는 것임을 잊지 말아야 할 것이다.

구독경제 〈미래〉 시니어 플랫폼에서 누리기

(부제: 키워드로 알아보는 시니어 플랫폼 이야기)

시니어 시장

구독경제의 완성은 인공지능과 사람 즉, 휴먼 터치가 협업을 이룰 때 비로소 멋지게 완성된다고 앞서 말했다. 이에 우리사회는 물론 전 세계의 과제라면 빠른 속도로 달려 나가는 기술의 성공만큼 '휴먼 터치'에도 신경을 쓰고 그에 맞는 정부 차원의 제도적인 것들도 신속하게 마련하고 보완해야 한다는 것이다. 다행히 미래 고객인 MZ세대를 겨냥한 여러 가지 제품과 서비스들은 하루가 멀다 하고 출시되고 있다. 반가운 소식이다.

여기에서 우리가 간과해서는 안 되는 것이 있다면 노년층을 위한 제품과 서비스, 그들을 위한 플랫폼에도 관심을 가져야 한다는 사실이다. 그들을 위해 〈3장〉에서 소개한 것처럼 내가 디지털 튜터가 되는 노력도 필요하겠고, 그러한 프로그램들을 통해 내 주변의 시니어가 교육 받을 수 있도록 친절하게 알려주고 도와주는 노력도 필요하다. 시니어 시장은 우리가 생각하는 것보다 훨씬 더 규모가 크고 그 안에서 역할을 나누어 해야 할 일이 많기 때문이다.

내 주변의 시니어에게 도움을 줄 수 있는 일을 함께하기 원하는 사람들, 혹은 시니어로서 우리 사회의 시니어 시장이 어떻게 돌아가는지, 구독경제에서 시니어를 대상으로 한 제품과 서비스에는 과연 어떤 것들이 있는지 정확하게 알고 싶은 사람들이 바로 나라고 생각한다면 지금부터 〈4장〉에서 이어지는 〈시니어 플랫폼〉에 관한 이야기만큼은 놓치지 말고 꼭 읽기를 권한다.

이제 우리는 시니어 시장을 자세히 살펴볼 필요가 있다.
머지않은 향후 10년 후, 60세 이상의 노령 인구가 가장 많은 비중을 차지하는 세대가 될 것이기 때문이다. 게다가 이들은 전 세계 어디를 보나 대체적으로 가장 큰 소비자 집단이다. 지금 현재 미국 전체 부의 80%를 갖고 있는 계층도 노년층이라고 한다. 그만큼 실버시장의 규모는 이미 상당하다고 할 수 있다. 앞으로는 이들의 규모가 우리가 생각하는 것보다 훨씬 더 커질 것으로 전망하는 전문가들이 많다. 각 나라마다 고령화 추세를 보면 납득이 간다.

이에 각 나라마다 실버시장을 만들어내고 있다. 더 늦기 전에 기업들은 실버시장을 준비해야 한다. 실버시장은 이제 더 이상 소비자층으로 머물러 있지만은 않을 것이다. 노년들이 새로운 지식을 공부하고 새로운 세상에 대한 디지털 공부를 마친 후에 실버시장에 다시 진입할 것이기 때문이다.

왜? 노년 인구가 다시 생산할 수 있는 디지털 환경이 만들어졌기 때문이다.

은퇴 레드존

'은퇴 레드존'이라는 말이 있다. 은퇴 전 10년부터 은퇴 후 5년까지의 시기를 말한다. 이 시기를 어떻게 준비하며 보내느냐에 따라서 이후의 삶이 확연히 달라진다. 그만큼 중요한 시기라는 뜻이다. 그렇다면 어떻게 해야 할까? 삶을 더 가치 있게 만들 수 있는 생태계 구축을 위해 미리 준비하면 된다. 그렇다면 사회적 가치와 경제적 가치가 동시에 창출될 수 있는 임팩트 있는 비즈니스에는 어떤 것들이 있는지 하나씩 알아보자.

온디맨드 매칭 서비스 혹은
긱 이코노미

우선 온디맨드 매칭 서비스라는 용어부터 기억하자. 온디맨드 서비스는 수요자의 요구에 즉각적으로 대응하는 서비스 및 제품을 제공하는 경제를 가리킨다. 이는 또 다른 말로, 디지털 장터에서 거래되는 기간제 근로라고도 할 수 있다. 예를 들어 글로벌 기업 아마존은 개인 차량을 소유한 일반인을 배송 요원으로 활용하고 있고, 차량 공유 기업 우버도 개인 차량을 소유한 일반인에게 운행 서비스를 제공하고 있다. 두 사례 모두 독립적인 형태의 기간제 근로인 셈이다. 이를 두고 세계 고용시장에서는 '일시적인 일' 혹은 '임시적인 일'이라는 의미에서 '긱 이코노미(Gig Economy)'라고 부른다.

우리나라의 경우도 쿠팡에서는 '쿠팡 플렉스'를 통해 개인 차량으로 원하는 시간에 원하는 지역으로 물건을 배달해주는데, 물량을 배정받기 위한 경쟁이 치열하다고 한다. 긱 이코노미를 두고 아직까지는 논란이 많다. 장단점이 분명 존재하는 서비스이기 때문이다. 대표적으로 기존 서비스와 마찰을 빚고 있기 때문인데 코로나 19 영향으로 일자리를 잃은 많은 사람들에게 그렇게라도 새로운 기회를 부여한다는 측면에서는 긍정적인 평가를 받고 있는 듯하다. 어찌됐든 제도적인 보완이 시급한 문제인 것은 분명해 보인다.

시니어 플랫폼

　최근 몇 년 사이에 시니어를 대상으로 한 '시니어 플랫폼'이 하나 둘 생겨나고 있다. 반가운 소식이다. 이런 플랫폼을 통해 시니어와 비(非)시니어가 악기, 공예, 스포츠, 외국어, 글쓰기, SNS 하는 법 등을 배우고 가르쳐준다. 해당 지역 대학생과 그 지역 시니어 주민이 연결되기도 하고 자신과 맞는 관심사를 공유한 시니어끼리 연결돼 서로 소통하기도 한다.

　자녀 없이 홀로 사는 시니어에게는 지역 주민 누군가가 매칭 돼 불편함을 해소해주고 반대로 맞벌이 부부에게는 자녀 돌봄 서비스가 가능한 시니어가 매칭돼 그야말로 지역주민이 서로 돕고 불편함을 해소하는 것이다.

　물론 이런 시니어 플랫폼에는 가족만큼 신뢰할 수 있는 지역 전문가가 전제되어야 하는 것은 기본일 것이다.

한국경제연구원이 최근 10년간(2011~2020년) 조사한 통계 결과를 보면 크게 두 가지로 정리할 수 있다.

첫째, 고령화 속도가 4.4%로 (OECD 평균 2.6%) 보다 2배 빠르다.

둘째, 노인 빈곤율이 43.4%로 (OECD 평균 14.8%) 보다 3배 높다.

이런 수치만 봐도 은퇴 이후의 삶을 찾아 도전해야 하는 이유가 분명해진다.

은퇴 이후의 외롭고 고독한 시간, 홀로 남은 시간을 어떻게 지혜롭게 보내야 할 것인지? 시니어 혼자 고민하지 않게 하는 제품과 서비스, 시니어를 위한 플랫폼. 더 부지런히, 더 많이, 더 제대로 만들어야 하는 이유이다.

액티브 시니어

실버시대를 맞아 '액티브 시니어(Active Senior)'가 늘어나고 있다. 액티브 시니어의 사전적 정의는 이렇다. - 뛰어난 체력과 경제력을 갖추고 있어 퇴직 후에도 사회적으로 왕성한 문화 활동과 소비 활동을 하는 중년층과 장년층 -

정의된 의미에서도 알 수 있듯이 이들의 특징을 보면 다음과 같다.

1) 평생 현역을 지향한다.
2) 자신만의 가치관과 라이프를 추구한다.
3) 존재감이 날로 커지고 있다.

액티브 시니어에서 파생된 신조어로 같은 의미의 '액티브 할매니얼'도 있다. 적극적으로 소비하고 문화 활동에 참여하는 5060세대를 가리키는 말이다. 활동적인 장년답게 외모에도 관심이 많고 건강에도 많은 시간과 돈을 투자한다. 다양한 취미생활은 물론이고 사회활동도 부지런히 한다.

　이런 모습은 한 세대 위의 시니어들에게도 흡수돼 같이 젊어지는 시대를 살면 좋겠다는 바람이다.

　물론 제도적인 장치들이 마련되어야 한다는 전제에서 말이다.

| 구독경제 〈미래〉 시니어 플랫폼에서 누리기 |

액티브 시니어를 겨냥한
실버산업 시장

    고령층은 물론, 경제력과 활동성을 겸비한 액티브 시니어들을 대상으로 실버산업 시장도 점점 성장하고 있다. 구체적인 용도나 항목별로 여러 가지 판매 상품이 출시되고 있다. 그중에서 '노인전문편의점'이라고 해서 시니어들의 독립생활이 가능하도록 배려한 상품과 서비스를 지원하는 사업 아이템도 각광받고 있다. 그중에서 우선 노화방지 화장품을 꼽을 수 있다.

    단연, 시니어들을 대상으로 한 제품으로 주름개선 및 완화를 위한 노화방지 효과를 전면에 내세우고 있다. 또한, 나이를 먹으면서 생기는 신진대사 감소 및 노폐물 등의 문제로 체취가 발생하는데 이를 방지하기 위한 향수도 출시되고 있다. 그 밖에 피부건조나 가려움을 개선하기 위한 화장품도 인기 상품으로 손꼽힌다.

여기에 시니어 건강과 관련된 의료보조용품과 기능저하 예방용품 등 시니어를 대상으로 한 전문 상품들의 출시는 앞으로도 계속될 전망이다.

| 구독경제 〈미래〉 시니어 플랫폼에서 누리기 |

실버 푸드

실버산업 시장이 급성장을 이루고 있는 가운데 가장 활발한 움직임을 보이고 있는 곳이라면 역시 식품업계를 빼놓을 수 없다.

국내 실버 푸드 시장 규모는 해를 거듭할수록 커지고 있는 추세이다. 말하자면, 고령친화식품 시장이 확대되고 있는 상황이다. 여기에서 말하는 고령친화식품은 케어 푸드, 실버 푸드, 시니어 푸드로 나눌 수 있다.

음식물 섭취와 소화가 쉽지 않은 시니어들을 대상으로 한 제품으로 처음에는 고령층과 환자용으로 개발됐다. 하지만 지금은 고령층과 환자용 전용은 물론 액티브 시니어와 그들의 디저트용, 건강 보조제용 등 다양한 헬스 케어 푸드 상품들이 출시되고 있다.

| 구독경제 〈미래〉 시니어 플랫폼에서 누리기 |

커뮤니티에서
친구 찾는 시니어

요즘 2030 세대는 혼자서 밥을 먹거나 영화 보는 일, 카페 가는 일, 여행 가는 일 등 혼자 하는 일에 익숙해져 있다. 코로나 상황이 아니었을 때도 그랬다. 굳이 누군가와 약속을 잡지 않고도 혼자 하는 일이 어색하거나 외롭지 않다. 혼밥, 혼영, 혼행 이런 용어가 괜히 나온 것이 아니다. 물론 친구들과 어울려서 놀 때는 즐겁게 시간을 보낸다.

그러나 학연 지연으로 얽힌 친구들 외에 나와 취향이 맞는 사람들과의 시간도 소중하다. 아직 친밀도가 깊지 않은 사람일지라도 그런 만남이 오히려 편할 때도 있다. 그래서 다들 여행 갔을 때 게스트 하우스에서 만난 낯선 이들과도 잘 어울리는 것인지도 모른다. 그리고 그것이 젊은이들의 특권인지도 모르겠다. 선입견이 없다. 자연스럽다. 솔직하다. 그때 그때 순간에 최선을 다한다. 부러운 모습이다.

이런 청춘들이기에 SNS를 통해서도 친구를 찾는다. 온라인에서 '좋아요'를 누르고 이따금씩 '댓글'로 소통하다가도 혹은 눈팅만 하다가도 가끔은 오프라인에서 만날 친구들을 찾는다고 '번개'를 치기도 한다. 예를 들면 이런 식이다.

"오늘 저녁 7시에 동네 ○○식당에서 ○○메뉴 먹고 싶은데 같이 식사 가능하신 분 누구 없을까요?"

혹은 SNS 친구가 아니더라도 지역 기반의 중고거래 플랫폼을 통해서도 자연스럽게, 아무런 스스럼없이 궁금한 것을 묻고 친구를 찾는다.

"이 동네 이사 온 지 얼마 안 됐는데 어디가 맛집인가요?
6시에 만나서 같이 드실 분 계실까요?
혹시 가장 가까운 빨래방은 어디인가요?"

그런데, 이런 젊은 세대들만 SNS 통해서 친구를 찾는 것이 아니었다.

　많은 시니어 역시 혼자라는 사실이 너무 외로워서 커뮤니티를 찾고 있다는 사실이다.

무덤 친구

혼자 사는 고령 인구가 점차 늘고 있다 보니 그들에게 가장 근접한 고민은 아무래도 '죽음'일 것이다. 그들이 가장 많이 하는 이야기라면 바로 이것이다. 가능하다면, 그럴 수만 있다면, 병원이나 요양원이 아닌, 집에서 가족과 함께 혹은 친구와 함께 죽고 싶다는 것.

이런 바람 때문일까? 일본에서는 이미 무덤 친구(墓友)도 있다. 무덤 친구란, 일본에서 볼 수 있는 교우관계의 한 형태로 나중에 죽고 나서 납골당이나 공동묘지에 함께 묻히는 것을 전제로 교제하는 친구 관계라고 한다.

원래부터 친한 친구사이라기 보다는 독신이나 이혼, 사별 등의 이유로 가족 없이 혼자 사는 사람들이 취미나 모임 등을 통해 노후 생활을 같이 하다가 가치관이 비슷해지는 관계에서 형성된다고 한다. 그도 그럴 것이 기본적으로 삶과 죽음, 무덤에 대한 생각이 비슷해야 하겠고, 사후에 장지 관리도 해줘야 하니까 말이다.

어찌 보면 이런 무덤 친구까지 만들어야 하는 이유, 이런 것이 아닐까?

- 생의 마지막 순간에 혼자서 고독하게, 쓸쓸하게 죽고
  싶지 않다.
- 남겨진 누군가에게 부담을 주고 싶지 않다.

혼자이지만 끝까지 혼자이고 싶지 않은 그 마음, 점점 나이 들어가는 시니어만이 알지 않을까?

사람도
구독하는시대

구독 서비스를 가장 많이 사용하게 될 세대는 시니어 층이 될 확률이 높다.

사람마다 차이는 있지만 남녀 모두 45세 후반부터 갱년기가 시작된다. 이 나이 때부터 시니어 관련 상품과 서비스의 구독과 구매가 가능해지는 것이니 그 폭이 얼마나 넓고 많아지겠는가.

우리가 먹고 입고 사용하는 것 말고도 누군가 사람을 불러 대신 일을 시키는 것에서부터 구독 서비스가 적용된다. 일명 사람도 구독할 수 있다는 이야기이다. 쉽게 떠올릴 수 있는 예로 '산소 벌초 대행'이 그렇다. 명절 앞두고 상황이 여의치 않을 때나 평소에 틈틈이 관리를 맡기고 싶을 때는 이 구독 서비스를 통해 해결하면 된다.

뿐만 아니라 시니어 입장에서는 바쁜 자녀들 오라 가라 할 것 없이 '병원 예약 대행'을 이용하면 된다. 바쁜 자녀마저 없는 혼자인 시니어라면 '여행 동행 서비스'를 이용하면 된다. 이런 구독 서비스를 통해 내가 혼자 할 수 없는 일을 누군가에게 도움 받으면 된다. 자식이 못 하는 일들을 누군가에게 부탁하면 그들이 대신 해주는 것이다. 바로 이런 일들이 지금 우리 사회에 많이 생겨나고 있고, 앞으로 이 시장은 더욱 확대될 것이다.

시니어와 가장 직결된 것이 건강 문제일 텐데, 이와 관련해서 눈에 띄는 것이 있다. 바로 몇 년 전부터 은행이나 보험사 등 여러 금융권에서는 빅데이터를 활용해서 건강관리까지 챙겨주는 금융상품이 많이 출시됐다는 것이다. 말하자면 건강 관련 보험 상품에 가입한 고객에게는 건강정보 제공서비스는 기본이고 전문 의료진 전화 상담, 병원 예약대행 등 헬스케어서비스를 제공하고 있다.

이런 움직임은 최근에도 계속 이어지고 있다. 저마다 자회사 개념의 헬스케어 플랫폼을 만들어 그곳에서 맞춤형 건강 서비스와 보험 상품을 추천하는 등 금융 서비스의 영역을 한 층 더 넓혀가고 있는 추세이다.

아마존 알렉사 같은
오프라인 컨설팅이 필요해

아마존의 인공지능(AI) 플랫폼 알렉사(Alexa)를 떠올려보자. 다들 아시다시피 알렉사는 '아마존 에코'에 처음 사용되었다. 에코는 아마존의 음성인식 AI 비서 '알렉사'를 탑재한 스피커로, 알렉사는 음악재생, 알람설정, 날씨정보 제공, 교통정보 제공 등 많은 기능을 제공해준다.

바로 이런 알렉사처럼 시니어를 위한 오프라인 컨설팅이 있어야 한다. 그곳에 가서 궁금한 것들을 물어보면 친절하게 상담해주고 시니어 혼자 할 수 없는 일들을 척척 해낼 수 있게 도와주는 그런 곳, 그런 서비스. 시니어 스스로가 이용하고 싶은 서비스, 내가 부재중일 때 시니어 부모에게 알려주

고 싶은 서비스. 그런 오프라인 컨설팅 혹은 플랫폼이 생겨
나고 활성화되길 바라는 바이다.

노후가
행복한 시니어

시니어들이 노후를 행복하게 보내기 위해 필요한 요소에
는 여러 가지가 있겠지만 다섯 가지로 정리해보았다.

[시니어들이 노후를 행복하게 보내기 위해 필요한 5가지]
1. 돈
2. 건강
3. 인간관계
4. 여가활동/취미활동
5. 사회활동(참여)

돈과 건강의 중요성에 대해서는 백 번 강조해도 부족할 것이다. 돈이 있어도 건강을 잃으면 소용이 없고, 몸은 너무나 건강한데 경제적인 능력이 없어 아무 것도 할 수 없다면 그것처럼 서글픈 일이 없기 때문이다.

그 밖에 어떤 식으로든 연결이 돼 있는 소통 창구가 있어야 한다. 가족이든 친구든 직장 동료든 관계망에 좋은 누군가가 있어야 외롭지 않다.

이게 형성이 안 돼 있다면 4번 활동을 통해 만들어라. 이제라도 만들면 된다. 좋아하는 일을 찾아서 해보자. 내가 무엇에 관심이 있는지 생각해보고 그것을 실행에 옮겨보자. 그리고 노년에는 교회나 성당 등 종교를 갖는 것도 의미가 있다. 봉사활동을 통해 사회활동에 참여하는 것도 남은 생을 행복하게 보내는 방법이 된다.

그런가하면 시니어들에게 공통적으로 나타나는 모습이 있다. 중요하게 여기는 가치관이라고 할 수 있을 텐데, 이런 모습을 잘 파악하는 것도 그들을 이해하는 데 도움이 될 것 같다.

[시니어들에게 나타나는 가치관 3가지]

1. **안정감**(모든 불안에서 벗어나 안정을 찾고 싶다)

 a. 금전에 따른 불안

 b. 질병에 따른 불안

 c. 사고에 따른 불안

 d. 인간관계 실패에서 오는 불안

 e. 서비스와 상품에 따른 불안

 -〉 지금까지 불안하게 살아왔다면 이제는 안정을 찾아도
    되지 않을까?

이런 심리는 시니어 누구라도 당연할 것이다.

이 마음의 안정을 시니어 플랫폼 안의 서비스를 통해 해소

해주어야 한다.

2. **신뢰**

 a. 담당 직원이 바뀌면 안 된다.

 -〉 평소 삶의 모든 영역에서 신뢰가 중요한 만큼 구독 서
    비스를 이용할 때도 신뢰가 가는 한 명의 직원, 나만을
    위한 맞춤형 코디네이터, 나를 위해 큐레이션 해주는
    직원과 소통하기를 원한다.

3. 건강과 아름다움 추구

a. 돈 쓸 준비가 되어있다.

-〉 나이 들어도 젊어지고 싶고, 아름다워지고 싶은 것은
당연하다. 이를 위해 기꺼이 투자할 의향이 있다.

고령사회에서
초고령 사회로

우리가 미래를 예측할 수 있는 수단은 인구통계조사를 통해서일 것이다. 분석을 통해 가구의 흐름을 읽고 그것을 통해 시장의 움직임도 준비할 수 있다. 비즈니스 트렌드는 그렇게 만들어지는 것이다. 지금 우리 사회는 고령사회로 여러 가지 제도가 마련되어야 하고 보완, 개선이 필요하다고 본다. 왜 그런지 함께 살펴보자.

유엔은 65세 인구 비율이 7% 이상이면 고령화 사회, 14% 이상이면 고령사회, 20% 이상은 초고령 사회로 구분하고 있다. 우리나라는 2017년 14.2%를 기록해 이미 고령사회에 진입했으며 해를 거듭할수록 비율이 증가하고 있다.

지난 9월 29일 통계청이 발표한 '2021 고령자 통계' 자료를 보면 올해 우리나라 인구 중 연령이 65세 이상인 고령자 가구는 473만 2000 가구로 집계됐다. 이는 16.5%에 달하는 수치로, 2025년이면 고령자 비중이 20%를 넘는 '초고령 사회'에 진입한다는 이야기가 된다.

특히 고령자 가구 3가구 중 1가구는 고령자 혼자 살고 있는 것으로 나타났는데, 이는 인구 고령화와 함께 계속 증가하는 추세로 2037년이면 고령자 1인 가구 수가 현재의 2배에 달할 것으로 전망되고 있다. 또한, 2047년에는 우리나라 전체 가구의 절반가량인 49.6%가 고령자 가구가 될 것으로 전망하고 있다. 결코 멀지 않은 미래의 일이라는 이야기이다.

우리나라뿐 아니라 고령화 사회로 접어든 모든 나라들이 시니어 시장에 집중하는 것은 어쩌면 지극히 자연스러운 일인지도 모른다. 그런 가운데 위와 마찬가지로 통계청 자료에서 고령자 1인 가구의 생활비 마련 항목을 보면 이렇다.

본인 스스로 마련한다는 대답이 44.6%로 가장 많았다. 그렇지만 정부 및 사회단체(31.1%), 자녀 및 친척(24.3%)에게 의지하는 비중도 생각보다 컸다.

이런 통계만 봐도 앞으로 우리 사회가 시니어를 위해 어떤 것들을 준비하고 보장해줘야 하는지 생각해볼 필요가 있을 듯하다.

에이징 테크
(Aging-Tech)

　현재 시니어 시장에서 가장 먼저 떠올릴 수 있는 요양, 의료 서비스라고 하면 요양 병원, 요양원을 생각할 수 있다. 고령층이 가장 많이 이용하고 있고, 고령층을 둔 가족들이 쉽게 생각할 수 있는 통로이기 때문이다. 이런 이유로 가장 주목받고 있다. 하지만 이것도 점점 변하고 있는 추세라고 할 수 있다.

　사람들은 이제 자신의 노후를 병원이나 요양시설에서 보내기보다는 어느 정도 자유롭게 일상생활을 유지할 수 있는 집에서 보내고 싶어 한다. 그리고 그런 욕구를 가능하게 해주는 최첨단 과학기술이 등장했다. 현재 많은 기업에서 시도

하고 또 추진하고 있는 '에이징 테크(Aging-Tech)'. 바로 이 산업이 점점 커질 수밖에 없는 현실적인 이유가 여실히 드러나는 시대를 지금 우리는 지나고 있는 중이다.

시니어들 중에서도 점점 더 '웰니스 라이프'를 추구하는 이들이 늘어나고 있다. 웰니스(Wellness)란, 웰빙(well-being)과 행복(happiness), 건강(fitness)의 합성어로 신체와 정신은 물론 사회적으로 건강한 상태를 말한다. 즉, '건강한 것이 곧 아름답다'는 이야기일 것이다. 바로 이런 시니어들의 삶의 질을 조금이라도 높여주기 위해 최첨단 과학 기술을 도입해 도움을 주고자 하는 것이다.

사실, 요즘처럼 무인화가 늘어나는 시대에 좀처럼 적응하지 못하는 시니어들에게는 반가운 소식이지 않을까 싶다.

다시 에이징 테크 이야기를 해보자. 말하자면 에이징 테크란, 시니어들의 삶의 질을 높이는 기술, 즉, 생활을 조금이라도 편하게 해주기 위해 만든 과학 기술로, 다른 말로는 장수기술, 실버 기술로도 불린다. 예를 들어, 노인 돌봄 로봇이나 노인 전용 스마트 워치, 치매 방지를 위한 대화 로봇 등이 에이징 테크가 적용된 대표적 사례로 꼽히고 있다.

지난 가을, 매일경제TV에서 지금 시기에 매우 의미 있는 포럼을 개최했다.

'2020 혁신성장포럼'이자 '코로나 19 시대의 Aging-Tech 포럼'이었다.

오프닝 발언으로 이어령 교수가 등장했는데 한 마디 한 마디가 인상적이어서 이 기회에 지면을 빌어 함께 나누고 싶다. 이 교수의 발언 그대로 옮겨 본다.

"에이징 테크는

단순히 기계나 공장에서 활용되는 테크놀로지가 아니라

마음과 예술이 함께하는 테크놀로지가 돼야 한다.

그리스어를 어원으로 하는 테크놀로지는

원래 기술이자 예술이라는 뜻을

모두 담고 있었지만

현대에 들어와 예술성이나 인간의 마음,

영혼이 사라진 채

순전히 과학기술을 뜻하는 비정한 용어가 됐다."

그러면서 덧붙인 이야기가 마음에 깊이 남아 있다.

"에이징 테크는 인간이면 누구나 경험하게 되는 나이를 먹

어가는 기술입니다.”

　그렇다. 남의 이야기가 아니라 나의 이야기. 당장은 아닐지 몰라도 곧 나의 이야기, 우리 모두가 경험하게 되는 그런 기술이라는 이야기. 그렇기에 더 많은 애정과 관심으로 함께 연구하고 기술의 성장을 도모해야 하지 않을까 싶다.

돌봄 로봇
파로(Paro)

다른 나라에 비해 고령화가 일찍 시작된 일본 정부는 고령화 인구 관련 복지 정책이 많이 마련돼 있다. 또한 노인 돌봄 사업에 로봇을 적극적으로 활용하는 대표적인 나라이기도 하다.

고령층과 1인 가구가 점차 늘어나면서 외로운 그들에게 말벗이 되어주는 친구 역할로 로봇을 적극 활용한다.

특히 고령층의 경우 디지털 기기 작동이 아무래도 서툴다 보니 로봇이 옆에 딱 붙어서 마치 친구처럼, 가족처럼 도와주는데 그런 의미에서 돌봄 로봇, 반려 로봇, 소셜 로봇이라 부르기도 한다.

이런 여러 가지 로봇 중에 '파로(Paro) 로봇'이 있다. 파로는 물개 모양의 로봇으로 부드러운 인공 털로 덮여 있어 사람들이 손으로 만지면 실제 동물을 만지고 있다는 촉감을 주면서 심리적인 안정을 도모하는 로봇이다.

촉각, 빛, 온도, 청각, 자세 등 5개의 센서를 채택해 사람과 주변 환경을 인식할 수 있는데, 우울증, 무관심, 불안 등을 줄이는 심리 치료에 탁월한 효과가 있는 것으로 나타났다. 그리고 이런 심리 치료 효과를 인정받아 미국의 공적 의료보험인 메디케어 적용 대상에도 포함되고 있다.

뿐만 아니라 이런 효과 덕분에 기네스북에 등재되기도 했다. 이렇듯 여러 가지 장점으로 일본 사회에서 매우 인기 만점의 로봇이다.

가장 주목해야 할 기능은 치매 노인 등 고령 환자의 스트레스를 줄여주고, 보호자와 교감하는 데 상당한 효과가 있다는 것이다. 이런 이유에서 파로 로봇은 일본은 물론 유럽에서도 사랑받는 반려 로봇으로 손꼽히고 있다.

반려 로봇
'효돌'

우리나라에서도 물론 파로처럼 사랑받는 반려로봇이 있다. 대표적인 로봇이 (주)효돌에서 출시한 AI(인공지능) 반려 로봇 '효돌'이다. 혼자 사는 어르신들에게 마치 친구가 옆에 서 말하듯 간단한 대화를 건네거나 식사 시간에 맞춰 약 먹을 시간을 챙겨주는 등 '로봇 손자' 역할을 해주고 있다. 이미 지자체와 연계해 무료 혹은 렌탈 서비스를 시작했고 '효돌'을 사용해본 어르신들의 만족도도 높다는 평가를 받고 있다.

'효돌'은 기능은 로봇에 붙어있는 인체 감지 센서를 통해 일정 시간 동안 움직임이 없으면 보호자와 담당자가 스마트폰으로 실시간 상황을 파악할 수 있다.

그렇기 때문에 거리상으로는 떨어져 있어도 심리적으로는 어느 정도 안심이 된다. 또한 위급 상황에 대비할 수 있다는 장점 때문에 혼자 계신 부모를 여러 가지 형편상 돌보지 못하는 자녀들이 많이 선호하는 편이다.

한편, 작년과 올해는 코로나 19로 구청이나 주민 센터에서 집으로 찾아가는 방문 돌봄 서비스가 쉽지 않았을 것이다. 그런데 다행히도 이 반려 로봇을 활용해 독거노인들의 일상을 돌보는 데 도움을 받았다고 한다.

앞으로 시니어 돌봄 서비스에 있어서 반려 로봇, 돌봄 로봇을 과연 어떻게 확대하고 강화할 것인지 다각적이면서도 점층적인 연구가 있어야 할 것 같다. 로봇이 많은 것을 대신해주는 것은 정말 고맙지만 자녀가, 보호자가, 복지사가, 관리자가, 바로 기계 아닌 사람이 했을 때 아무렴 훨씬 더 좋은 것까지 온전히 로봇한테 다 떠맡겨서는 안 될 일이니까 말이다.

스마트 워커
웨어러블 로봇

시니어들을 위한 건강 관련 서비스는 여러 형태로 나타나고 있다.

그중 여러 가지 동작이 쉽지 않은 노약자들을 위한 상품으로 '튼튼한 워커', 즉, '스마트 워커(Smart Walker)'도 이미 몇 년 전에 출시된 바 있다.

이는, 걷기 보조, 앉기와 서기, 탑승 등의 세 가지 기능을 제공하는 전동 근력 보조 시스템으로 그야말로 거동이 불편한 노약자들을 위해 만들어진 로봇이다. 그런데 이제는 여기에서 한 단계 더 발전해서 '웨어러블 로봇(Wearable Robot)'시대까지 왔다.

웨어러블 로봇(디바이스)의 의미는 이렇다. 웨어러블(wearable)

+ 디바이스(devices) = 입을 수 있는 기기. 즉, 옷이나 시계, 안경처럼 자유롭게 몸에 착용하고 다닐 수 있는 기기를 뜻한다.

처음에는 미국 군사 훈련용으로 개발됐지만, 점점 일상생활은 물론 패션, 이동통신기기 및 디지털 제품에까지 그 영역을 넓히고 있는 중이다.

'웨어러블 로봇'이면 그렇다. 입을 수 있는 로봇이다. 지금 재활병원에서는 웨어러블 보행재활로봇을 도입해 서비스 영역을 강화하고 있다. 이렇듯 몸이 불편한 사람을 도와주는 용도는 물론이고 현장 근로자의 작업을 도와주는 등 점점 활용할 수 있는 영역을 넓혀나가고 있다.

100세 시대를 열어주는
키워드 3

박상철 교수는 인간의 노화에 대해 연구하는 '장수 연구자'로 명성이 자자하다. 그는 주변의 100세 어르신들을 대상으로 조사한 결과 그들 삶에서 공통점을 발견했다고 한다. 그리고 그것들을 건강 장수를 위한 기본 원칙으로 삼으면 좋겠다며 세 가지 키워드를 밝힌 바 있다. 100세 시대를 열어주는 마법 같은 주문의 세 단어는 이것이다. '하자', '주자', '배우자'

고령화 시대를 맞아 혼자서 외롭고 쓸쓸하게 늙어가는 것이 아니라 그럴수록 무엇이 됐든 열심히 하고, 내가 받은 만큼 다른 사람에게도 나눠주며, 더 이상 나이 탓으로 미루지 말고 마음이 당기는 것들이 있다면 어떻게든 배워보자는 뜻이다.

그러면서 특별히 강조한 것이 있다면 이 세 가지를 해내기 위해서는 '관계'가 중요하다는 것이었다. 1인 가구가 늘고 혼자 사는 노인 가구가 늘어나는 등 어느 순간 전통적인 가족 개념이 해체된 우리 사회에서 가족과의 관계가 재정립되어야 한다는 이야기였다.

하지만 이것이 현실적으로 쉽지 않기에 그가 자신의 저서 『**당신의 100세 존엄과 독립을 생각하다**』에서 제안한 '100세를 준비하는 행동강령'을 기억하고 또 실천하는 것도 건강한 시니어 라이프를 위해서는 도움이 될 것 같다.

첫째 : 몸을 움직이자

장수를 위해서 노동이든 운동이든 무조건 자신의 몸을 계속 사용해야 한다. 100세인들은 대부분 부지런한 생활을 하고 있었다.

둘째 : 마음을 쏟자

자신의 감정을 마음껏 표현하는 것이 필요하다.

셋째 : 변화에 적응하자

새로운 지식이나 기술을 배우고 수용하자.

넷째 : 규칙적이 되자

규칙적으로 식사하고 운동함으로써 일상의 균형을 깨뜨리지 말자.

다섯째 : 절제하자

일상에서 어떤 것도 무리하지 말고 적정선에서 중용을 지키자.

여섯째 : 나이 탓하지 말자

나이에 제약받지 말고 새로운 것에 도전하자.

일곱째 : 남의 탓하지 말자

직접 하지 않으면 계속 다른 사람을 탓하게 된다.
남이 도와주지 않는다는 불평은 장수 사회에서 통하지 않는다.

여덟째 : 어울리자

가족, 이웃, 친구와 모든 일을 함께하려는 노력을 기울이자.

베이비 부머,
어쩌다 나도 노인

고령화 시대를 맞아 여러 가지 복지 정책을 준비하고 생각해야 하는 이때, 우리가 놓쳐서는 안 되는 것이 또 하나 있다. 달갑지 않을 수 있겠지만 자신의 주민등록증을 한번 들여다보자. 혹시 1955년에서 1963년 사이에 출생한 베이비부머 세대인가?

지난해부터 베이비부머 세대의 노년기 진입이 본격화되었다. 이는 현재 노인 인구만한 730만에 이르는 숫자로 노년층이 급격히 증가했다는 이야기이다.

한국의 베이비부머 세대는 1955년에서 1963년 출생자들을 이르는 말이다. 통계에 따르면 2018년 말 기준, 1955년생은 71만여 명이라고 한다. 한 해 69만 명에서 92만 명의 베이비부머가 2028년까지 차곡차곡 노인세대로 진입한다는 것이다. 다시 말해, 약 10년 뒤에는 지금의 노인과 비슷한 규모의 노인 집단이 더 생긴다는 의미로 해석할 수 있다.

그렇다면 어떤 문제가 발생할까? '아직 나 이렇게 젊은데 할아버지라고? 할머니라고? 내가 노인이라고?' 이런 생각에 억울하고 답답할 수도 있을 것이다.

한참 더 일할 수 있을 것 같은데 조직 사회에서는 더 이상 올라갈 곳이 없어 물러나야 하고 새로운 일을 시작하기에는 턱없이 부족한 정책과 법제도에 갈 길을 잃은 시니어들. 이들을 보고만 있어야 할까? 그럴 수 없다. 그렇지 않다.

누차 말하지만 나도 곧 시니어가 될 것이고 고령화 집단에 속하는 때가 오기 때문이다. 머지않은 미래의 나를 위한 보험으로 생각하고 우리는 함께 고민해야 한다. 노인 복지를 신경 써야 하고 노인 경제가 다시 활성화되도록 시장의 흐름 자체를, 판도 자체를 바꿔야 한다.

| 구독경제 〈미래〉 시니어 플랫폼에서 누리기 |

각도만 조금 바꿔도 세상은 다르게 보인다. 걸어서 다니는 사람이 보는 풍경과 자전거만 타고 다니는 사람이 보는 풍경, 자가용만 타고 다니는 사람이 보는 풍경은 분명 다르다.

어느 것이 옳다고 말할 수는 없다. 옳고 그름의 문제가 아니다. 다만, 가끔은 자기의 자리에서 벗어나 다른 위치에서 풍경을 보는 것이 정말 필요하고 중요하다는 이야기이다. 그래야 상대방의 시야에서 보이는 것이 무엇인지 알게 되고 그것을 계기로 나의 시야가 보다 더 넓고 깊어지는 계기가 된다.

그런 과정을 통해 우리는 서로 협업해야 한다. 과연 어떤 것이 더 좋은 방법인지, 최상의 아이디어인지 도출해내서 상생의 길을 구현해내야 한다. 그렇게 할 때 더불어 잘 사는 길이 열리고 모두 함께 행복해지는 시대가 열리지 않을까 싶다. 그런 날들에 나의 많은 고민이 담긴 이 책이, 그리고 이 책에서 함께 해보자고 제안하는 내용들이 조금이라도 플러스 역할을 할 수 있기를 바라는 바이다.

노후 파산

100세 시대, 장수시대가 열렸다고 해서 누구나 즐거운 일은 아닐 것이다. 솔직히 말해 몸도 건강해야 하고 경제력도 있어야 오래 사는 즐거움을 만끽할 수 있을 것이다. 내 한 몸 뉘일 곳 없고 입에 풀칠할 여력이 없는 상황이라면 나이 먹는 것 자체가 어쩌면 또 다른 공포로 다가올지도 모른다.

실제로 은퇴 이후 괜찮은 주거지를 마련할 만한 자금이 없어서 힘들어하는 이들이 많다. 설령 외곽으로 조금 저렴한 집을 구해 옮겨 갔다고 해도 의료시설이 마땅치 않다 보니 결국 의료비용 문제와 편의시설 부족으로 겪는 문제들 때문에 다시 도심으로 오는 경우도 왕왕 보게 된다.

| 구독경제 〈미래〉 시니어 플랫폼에서 누리기 |

게다가 최근에는 앞서 이야기한 1955년에서 1963년 사이에 태어난 베이비부머 세대의 부모들이 90세를 넘어서면서 노후자금이 바닥나는 현실에까지 이르렀다. 그 시절만 해도 100세 시대를 예상하지 못했기에 집집마다 가계 자산 내역에서 각종 연금과 보험, 의료비 항목에 대한 준비를 제대로 못 한 탓일 것이다. 그야말로 의료비용으로 인해 '노후 파산'이라는 말이 나오는 안타까운 상황인 셈이다.

지금 현재 65세 이상 고령자 가운데 10명 중 9명은 만성질환을 갖고 있는 것으로 나타났다. 또한 2, 3개 이상의 복합질환을 갖고 있는 숫자도 절반을 넘어선다고 한다. 이런 상황이면 은퇴 이후에 의료비에 들어가는 지출은 훨씬 더 많아질 수밖에 없다. 그런데 그만큼의 자산을 확보하고 있느냐? 이것은 또 다른 문제일 것이다.

지금 우리 사회에서 노후에 필요한 최소 생활비는 평균 180만 원에서 200만 원 정도라고 한다. 그런데 고령층에서도 양극화가 뚜렷하게 나타나고 있다. 오죽하면 OECD 국가 중에서 노인 빈곤율과 자살률이 1위라고 하겠는가.
따라서 이제라도 최소한의 생활비와 더불어 의료 자산은

필수로 준비해야 할 것이다. 그리고 취약 계층의 고령층이 더 이상 빈곤과 자살 문제로 더 큰 사회적 이슈가 되지 않도록 제도적인 보완 장치가 시급히 마련되어야 할 것이다.

| 구독경제 〈미래〉 시니어 플랫폼에서 누리기 |

라스텔과
엔딩 노트

노후를 준비하는 모습은 여러 형태로 나타난다. 당연히 경제적인 준비가 따라야 하겠고, 한편에서는 '나는 어떻게 죽을 것인가?' 죽음을 진지하게 준비하는 모습들도 많이 보인다. 어르신들도 예전에 비해 '영정 사진'을 미리 찍는 것을 그다지 불편해하지 않고 있다. 미리 가서 찍고 오는 경우도 있고, 본인이 갖고 있는 사진 중에서 '이걸로 해달라고' 미리 말하는 경우도 있다. 그리고 '의미 없는 연명치료는 안 하겠다'는 동의서도 미리 작성하는 경우도 많다.

그런 가운데 일본의 사례를 몇 가지 살펴보려고 한다. 일본에서는 화장터 예약이 밀려 대기실도 모자랄 때가 많았는데, 급기야 호텔을 개조해서 객실의 냉동고에 두고 보관하는 사업이 성황, 점점 확대되고 있는 추세라고 한다.

워낙 고령층이 많다 보니 장례 자체도 많을 수밖에 없을 것이다. 그러면서 장례식 문화에도 약간의 변화가 생겼다고 한다. '작은 장례식'이라고 해서 가족들만 조용하게 치르는 '소형화'를 추구하는 것이다. 그만큼 집집마다 장례가 많다는 뜻이 아닐까 싶다.

그중에서 눈에 띄는 것이 있다면 시신 호텔, '라스텔(Lastel)'이다.

라스텔 = 마지막(Last) + 호텔(Hotel)을 뜻하는 것으로 고인의 마지막을 마치 호텔에서처럼 최고로 잘 모신다는 의미라고 한다.

장례 치를 공간이 부족해서 시신들이 대기해야 하는 상황이 참 묘하게 느껴지지만 그럼에도 단 며칠의 시간이라도 편하게 보내라고 마련한 라스텔이 어떤 의미에서는 고맙게 느껴진다.

실제로 이 라스텔을 이용한 일본의 유가족들은 고인을 화장터에 보내기 전까지 자유롭게 방문해 차분하고 조용하게 시간을 보낼 수 있어서 나름 의미가 있다고 하니 이 또한 생각해볼만한 장례 문화, 풍경이 아닐까 싶다.

한편, '사전 장례식'을 추구하는 사람들도 있다. 죽어서 치르는 장례식에는 당사자인 '내'가 없기에 살아있을 때 내가 만나고 싶은 고마운 사람들을 초대해 그들과 함께 마지막으로 시간을 보낸다는 것이다. 육체가 사라진 후 슬퍼하기보다는 함께 있는 그 순간을 조금이라도 더 즐기고 싶은 그 마음. 백분 이해가 간다. 이것도 의미 있는 장례식인 것 같다.

요즘은 백화점 문화센터나 지자체 복지관 등에서 운영하는 프로그램을 보면 시니어들에게 주문하는 내용이 있다.
'유서 써 보기', '내가 원하는 장례식 생각해보기'
'죽음'이라는 것을 입 밖으로 꺼내기 어렵고 조심스러운 것으로 생각하기보다는 오히려 이런 기회를 통해 편하게 드러냄으로써 죽음에 대해 깊이 생각해보는 것도 의미 있을 것 같다.

고독사 보험

아직 우리나라에서는 시기상조라는 반응의 보험 상품이 하나 있다. 일본에서는 이미 장수 시대의 주력 상품인 '고독사 보험'이다.

아무래도 혼자 사는 세입자가 사망할 경우 집주인에게 돌아오는 부담이 클 수밖에 없다. 시신 수습부터 청소, 가구 처분, 집안 곳곳의 수리비용을 포함해 혹시라도 이런 사실이 소문났을 경우 나중에 세입자를 구하는 문제까지 어려움을 겪을 수 있다.

바로 이때 발생할 수 있는 여러 가지 비용을 담보하는 보험 상품이다. 고독사할 수밖에 없는 인간의 삶으로 바라보면 너무나 안타깝다.

한편, 집주인 입장에서는 해당 공간은 물론, 심지어 옆방까지 보상해주는 보험 상품이 생겼으니 당연히 이를 선호할 수밖에 없을 것이다. 그렇지 않은 경우에는 '노인 입주 불가' 조건이 걸린다고 하니 이해가 되면서도 씁쓸하기 짝이 없는 현실이다.

유품정리사

지난 5월 넷플릭스를 통해 공개된 드라마가 있다. 〈무브 투 헤븐: 나는 유품정리사입니다〉라는 제목으로 이제훈, 탕준상 배우가 열연한 드라마이다.

유품정리업체 직원으로 나오는 주인공들이 세상을 떠난 이들의 마지막 천국으로의 이사를 도우며 그들이 미처 전하지 못했던 이야기를 남은 이들에게 대신 전달하는 과정을 담은 내용이다.

앞서 고독사 보험에서 이야기한 것처럼 이웃에 소문이 날까 싶어 이들은 문을 꼭꼭 닫고 작업을 한다. 그리고는 오래된 악취 제거를 위해 살균, 소독 및 특수 청소를 진행한다.

한 사람의 생애는 그렇게 흔적도 없이 지워지고 말지만 마지막 공간에 머무른 그들에게는 여러 가지 감정을 전해준다.

이 드라마가 소개된 이후 '유품정리사'라는 직업에 대한 기사가 많이 노출됐다. 물론 일본에서는 이미 유품정리사 자격증이 있을 정도로 전문성이 갖춰진 직업이다. 우리나라에서도 웰다잉에 관심을 둔 사람들이나 기존에 '장례지도사'를 하던 사람들이 이쪽으로 방향을 바꾸는 듯하다.

노인 가구는 물론 젊은 층에서도 1인 가구가 많다 보니 이따금씩 고독사 뉴스가 들려온다. 안타깝지만 이런 일은 앞으로도 늘어나지 않을까 싶다.

이 땅에서의 생을 쓸쓸하게 마감하고 싶은 사람이 과연 누가 있으랴. 그럼에도 그런 순간이 생기고 말았을 때, 남겨진 자들이 그런 상황을 만났을 때, 우리가 할 수 있는 최선은 고인의 마지막 이사를 진심을 다해 도와주는 일이 아닐까 싶다.

커뮤니티 케어

커뮤니티 케어(Community Care)란 2018년 보건복지부에서 발표한 정책으로 돌봄이 필요한 주민, 이를테면 어르신이나 장애인 등이 자신이 살고 있는 지역사회에 거주하면서 개개인의 욕구에 맞는 서비스를 누리고 지역사회와 함께 어울려 살아갈 수 있도록 주거, 보건의료, 요양, 돌봄, 독립생활 등을 통합적으로 지원하는 지역주도형 정책이다.

보건복지부는 2019년 6월, 커뮤니티 케어 선도 사업 지역으로 8개 지자체를 선정, 선도 사업을 실시했고, 전국의 다른 지자체로 점차 확산시키고 있는 상황이다.

또한, 2025년까지 지역사회 통합 돌봄 제공기반을 구축하여 2026년 이후 보편화 단계에 들어서는 것을 목표로 하고 있는데, 이 정책으로 복지의 사각지대에 놓인 사람들이 구제 받을 수 있기를 바라는 바이다.

시니어 플래너

시니어 플래너란, 사람들이 인생 2막의 삶을 행복하게 누릴 수 있도록 생애 설계와 상담을 진행하는 사람들이다. 이들 플래너가 계획하는 것은 조금은 특별하면서도, 결국은 누군가의 행복을 위한 것들이다.

시니어 플래너 국내 1호는 조연미 대표로, 10년 전부터 공무원들의 '미래설계교육'에 참여했다고 한다. 어찌 보면 시대를 앞서 나간 인물로 100세 시대를 일찌감치 예견하고 준비한 셈이다.

조 대표는 진즉에 '시니어 플래너 1급, 2급' 자격증을 한국직업능력개발원에 정식 등록했다. 그런 다음 시니어 플래너

교육 과정을 만들어 운영했다. 말하자면 시니어 플래너 자격 검정 시험을 만들었고, 그에 맞춰 시니어 플래너를 육성하고 있는 것이다.

시니어 플래너는 고령화 시대에 필수적인 직업으로 각광 받고 있다. 조 대표의 인터뷰 기사를 살펴보니 정부 기관과 서울시 등 지자체에서 중년을 위한 인생 2막 설계 지원 사업이 본격화되면서 이들을 찾는 일이 점차 늘고 있기 때문이라고 한다. 특히, 고용노동부에서 '중장년 유망 직업'을 선정했는데 거기에 시니어 플래너가 뽑힌 것이 많은 이들에게 어필했기 때문이라는 설명이다.

인생 2막을 위해 무엇이든 배우려는 사람들, 그리고 무엇이든 알려주고 도와주려는 사람들, 그들의 결말은 확실해 보인다. 해피엔딩 아니겠는가!

한편, 지난 6월에는 한국유전자협회와 시니어플래너협동조합이 MOU 체결식을 갖기도 했다. 상호 간의 성공적인 업무 협력을 하고, 앞으로 유전자 교육 콘텐츠 및 시니어 플래너 창직 교육 콘텐츠 보급과 확산을 위해 힘쓰기로 약속한 것이다.

조 대표는 말한다. 나이를 먹어서 경쟁력이 없는 것이 아니라, 아무것도 안 하고 도움만 받으려는 그 자세가 경쟁력이 없는 것이라고. 시니어를 바라보는 사회의 시선에 위축될 것이 아니라, 새로운 것들에 자꾸 도전하고 배우려는 모습, 젊은이들과 함께 어울리고 그들에게 여전히 ing 현재 진행형이라는 것을 보여주는 모습이 있는 한, 새로운 경쟁력은 얼마든지 생길 수 있다는 것을 기억해야겠다.

| 구독경제 〈미래〉 시니어 플랫폼에서 누리기 |

욜드족

고령층을 가리키는 용어가 많다. - 노인, 시니어, 어르신 - 그런 가운데 새로운 신조어가 나왔다. YOLD, 욜드족이다. 욜드는 Young + Old를 합쳐 부르는 말로, 만 65세에서 만 79세에 해당하는 세대를 가리킨다. 젊지도 늙지도 않은 세대. 젊은 노인을 뜻한다.

이 말은 어쩌면 나이는 숫자에 불과할 뿐, 마음만큼은 여전히 젊게 살고 싶다는 뜻이 아닐까 싶다. 100세 시대를 바라보는 이때 '얼마나 오래 사느냐'가 중요하겠는가? 아니면, '어떻게 사느냐', '얼마나 즐겁고 행복하게 사느냐' 이것이 중요하겠는가? 세대를 막론하고 누구라도 다 고민해야 할 과제여야 할 것이다.

다시 정리를 해보자. 결국 시니어들이라고 해서 자신의 몸에 대해 관심이 없는 것이 아니다. 오히려 더 젊은 외모를 원하고 건강한 체력을 원한다. 그래서 경제력이 있는 액티브 시니어들은 패션과 화장품에 투자하고 미용 치료를 위해 기꺼이 돈을 쓴다. 건강과 아름다움의 가치를 그 누구보다 잘 알고 있기 때문이다.

또한 건강한 식생활을 위해 유기농을 선호하고 경제활동을 위한 배움의 기회도 놓치지 않으려고 애쓴다. 이런 자세는 주변 시니어들에게도 권하길 바라는 바이고, 앞으로도 계속 보여줘야 할 삶의 태도라고 생각한다.

한편 여생을 의미 있게 보내기 위해 사회활동을 하는 경우도 많다. 심지어 개인보다 사회를 우선으로 생각하고 재산보다 명예를 우선으로 여기는 경우도 심심찮게 볼 수 있다. 그것이 더 가치 있는 삶이라고 판단하는 경우에는 많은 것들을 사회에 기증하고 환원하기도 한다. 아름다운 흔적을 남기며 삶을 마감하는 것이다.

치매 노인과 빈집

국립중앙의료원 중앙치매센터의 '대한민국 치매 현황' 2020년 보고서에 따르면 2019년 65세 이상 치매상병자 수는 약 86만 명으로 노인 인구 772만 명의 11.2%에 이른다고 한다. 이런 추세라면 2024년에는 우리나라 65세 인구 중 치매 환자가 100만 명, 2050년에는 300만 명을 넘어설 것이라는 전망이다.

이는 65세 노인 인구 증가 속도보다 더 빠른 추세라고 한다. 치매에 대한 관심과 치매 예방을 위해 어떤 노력을 해야 하는지를 보여주는 대목이라 하겠다.

한편, 얼마 전 일본의 생명보험사인 다이이치생명(第一生命)

경제연구소가 발표한 −치매 노인 보유 주택 현황 보고서− 에 따르면 2021년 현재 일본에서 치매 노인 가구가 소유한 주택수가 221만 채에 달하는 것으로 나타났다고 한다. 이는 전국 주택 30채당 1채 꼴로, 이 같은 추세로 고령화 사회가 더욱 진전되는 2040년에는 치매 가구 주택수가 280만 채에 달할 것으로 예상하고 있다는 소식이다.

여기에서 발생할 수 있는 문제라면 무엇일까? 치매 노인 본인의 의사로 주택 매각이 쉽지 않다는 사실일 것이다. 이런 이유에서 치매 노인 주택은 '빈집' 문제를 더욱 심화시킬 수 있는 요인이 된다는 분석이다. 그래서일까?

일본에서는 치매에 걸리기 전에 자산 관리를 자녀에게 맡기는 '가족 신탁제도' 혹은 '치매 신탁'을 많이 이용한다고 한다. 또한 혼자 있는 치매 노인들이 범죄의 표적이 되는 경우가 있다 보니 부모가 건강할 때에 자녀와 상의해서 성년후견제도나 임의후견 등의 제도를 미리 파악해서 추진하는 경우도 많다고 한다.

치매 신탁

고령화 속도가 빨라지고 치매 환자도 점점 증가하면서 고령층의 금융자산 관리를 과연 어떻게 해야 하나, 그 중요성도 증대되고 있다. 그런 가운데 시니어 맞춤형 신탁 서비스도 증가하고 있다.

국내 각 은행마다 그 심각성과 중요성을 인지하고 행복한 노후를 대비할 수 있도록 관련 상품을 출시하고 있는 것이다. 그중에서 눈에 띄는 것이 있다면 '치매 신탁'상품이다. 앞서 언급한 치매 현황을 떠올려보면 연결되는 부분들이 있을 것이다.

치매 신탁이란, 고객의 인지 상태가 양호할 때 금융 회사와 계약을 맺으면, 이를 고객의 의사에 따라 운용한다. 그러다가 고객이 실제로 치매 진단을 받았을 때 병원비, 간병비, 생활비 등 일련의 비용을 은행이 지급하는 상품이다. 또한 고객 사후에는 사전에 고객이 지정한 수익자에게 자산을 승계하는 상품이다.

이런 준비를 미리 하지 못해서 치매 환자인 부모 재산을 두고 자녀들끼리 다투는 경우를 종종 보게 되는데 참으로 씁쓸한 일이 아닐 수 없다. 그러니 우리가 자동차보험을 들 듯 혹시라도 치매가 걱정되는 사람들은 이런 상품을 통해 노후 걱정을 더는 것도 방법일 것이다. 또한 남은 재산도 자신이 원하는 대로 승계할 수 있는 방법이 있으니 노후 준비를 위한 나름의 전략을 구사해보는 것은 어떨까 싶다.

고령층의 인구를
경제활동 인구로

국가의 역할은 국민이 고통 받는 것을 최대한 해결해주는 것이다. 각 기업들도 마찬가지로 기업가 정신을 발휘해 국민의 건강한 삶을 위해 노력해야 할 것이다. 고령자들은 일거리가 없어지면 사는 것이 무의미하다고 느낄 수 있다.

고령층의 인구를 경제활동 인구로 바꾸는 것이 필요하다. 그들을 새로운 인적자원으로 생각하고 고령화 시대를 위기가 아닌 기회로 만들면 되는 것이다. 위기냐 기회냐, 둘 중에 어떤 것을 선택하느냐는 전적으로 우리 몫이다.

어찌 보면 고령화의 문제는 고령화 안에 있다고 해도 과언이 아닐 것이다. 고령화의 위기는 고령화로 줄여나가면 된다. 이런 시기에 혹여 나이가 많다고, 경제력이 없다고, 전문성이 없다고, 더 이상 아무 의욕이 없다고 손 놓고 있는 사람이 오히려 더 문제 아닐까? 아무것도 안 하고 그저 오래 살려는 사람이 나는 문제라고 본다.

'은퇴'라는 단어를 떠올리면 어떤 단어가 연상되는가? 아쉬움, 두려움, 외로움, 쓸쓸함, 슬픔, 분노, 경제적인 부담, 후회, 그리고 죽음.

그러나 이제는 이런 단어를 떠올리기를 소망한다. 도전, 시작, 출발, 할 수 있다, 해보자, 인생 2막 3막, 잊고 살았던 꿈, 행복한 노후.

이 같은 희망적인 단어를 떠올리기 위해서는 가능한 사람이 많은 곳으로 가야 한다. 혼자 있지 말고 함께 어울려야 한다. 행복해지려면 작은 일이라도 찾아서 해야 한다. 일할 수 있는 능력과 의지, 필요성, 중요성에 모두 공감한다면 그 마음을 새로운 성장 동력으로 바꾸면 된다.

주변에서 반드시 도와줄 것이다. 아니 도와줘야만 한다. 가까이에 있는 가족이, 지자체가, 디지털 튜터가, 각 기업이, 그리고 국가가 당연히 도와줘야 한다. 그 도움을 받고 받은 만큼 또 뿌리고 전하면 된다.

하류노인

    일본에는 몇 년 전부터 '하류노인'이라는 말이 유행하고 있다. 세 가지가 없다는 뜻인데 벌어들이는 수입이 없고, 그동안 모아놓은 충분한 저축도 없으며, 그리고 어려운 일이 생겼을 때 도와줄 가까운 가족이나 이웃이 없는 것을 가리키는 신조어이다. 다시 말해 경제적으로 빈곤하게 살고 있어 삶의 질이 높지 않은 고령층을 의미한다. 평범한 노후를 즐겨도 모자랄 판에 하류노인으로 전락하는 상황이라면 그 삶은 얼마나 서글플까.

    그나마 다행인 것은 일본은 노인복지 체계가 잘 돼있다는 것이다. 그런데 이 하류노인 문제가 일본만의 이야기가 아니라는 사실이다. 어쩌면 빠른 속도로 고령화가 진행되는 우리나라가 더 심각한 상황인지도 모르겠다.

고령층에도 부의 양극화가 심하다 보니 빈곤과 질병은 물론 고립되어 외롭게 지내는 노인들이 많은 상황이다. 안타깝게도 우리나라는 OECD 회원국 가운데 65세 이상의 빈곤율 1위, 노인 자살률도 1위라는 불명예를 안고 있으니 보통 심각한 상황이 아닐 수 없다.

이 문제를 어떻게 타파할 것인가는 우리 모든 세대의 숙제여야 할 것이다. 개인의 노력과 준비도 전제되어야 하겠지만 정부 차원의 제도 마련이 더 시급하게 느껴지는 것은 지금 우리 사회가 처한 고령화 문제가 생각보다 심각하기 때문이다.

시니어의 재력과
능력을 나누자

시니어들은 기본적으로 시간이 있다. 능력도 있다. 돈도 있다. 경험도 충분하다. 그런 그들은 젊어지고 싶고, 인정받고 싶고, 삶을 보다 더 잘 살고 싶다. 삶을 보다 더 행복하게 만들고 싶어 한다. 그렇다면 인생의 후배들은 이들의 재력과 능력과 경험을 함께 나누는 것이 필요하지 않을까?

방법은 뭐냐? 함께하면 된다. 인공지능과 휴먼 터치가 결합해 구독경제를 완성하듯 그들의 아날로그 장점을 디지털과 함께 융합하면 보다 나은 시너지가 나올 것이다.

곰곰이 한번 생각해보자. 실버세대의 지식과 경험을 적절하게 활용하지 못해서 낭비하는 재능이 얼마나 많을지. 그들은 사회에 복귀하고 싶다는 욕구가 우리가 생각하는 것보다 훨씬 더 강하다. 경험이 많은 시니어들! 경험이 다양한 사람들이 많이 모여 있을수록 일의 능률은 훨씬 더 좋아지고 유리해질 것이다. 실버시장이 호황을 이루면 노년층 인력에게는 새로운 기회가 되는 것이다.

그저 나이를 먹었기에 오래 사는 것이 아니라 잘 사는 것에 초점을 두고 생각해보자. 우리는 앞으로 의학과 기술의 힘 덕분에 나이 들어도 건강을 오래 유지할 것이다.

따라서 제2의 인생에 걸맞는 새로운 직업이 있어야 함이 마땅하다. 그러한 직업을 갖도록 옆에서 도와주자. 새롭게 교육시키자. 서로 디지털 튜터가 되어 가르쳐주고 또 즐겁게 공부해보자. 그래서 인공지능과 함께하는 새로운 job도 만들어보자. 이른바 창직의 세계를 열어보자.

그것을 시니어 플랫폼 안에서 구현해내보자. 시니어들이 진정으로 즐거울 수 있도록! 그 힘으로 그들이 다시 세상으로 나와 누군가를 이끌어갈 수 있도록! 부디 이런 아름다운 선순환이 계속되도록 바로 나부터 시작해보자.

디지털 시대,
플랫폼 기업의 성공 비결

불과 14년 전 스마트폰이 탄생하면서 모든 비즈니스의 판도가 바뀌었다. 그리고 지금 또 다시 그 판도가 뒤바뀌고 있다. 코로나 팬데믹으로 시기가 조금 빨라졌을 뿐이다. 생태계가 바뀌고 일자리가 바뀌고 근무형태도 다 바뀌고 있다. 시니어 세대도 강제로 모바일 기기와 가까워지고 있다.

경영은 이제 소비자가 원하는 것에 대해 빠른 속도로 변화해서 대응해야 한다. 이 흐름에서 생존하려면 소비자의 마음을 정확하게 읽어야 하고 소비자의 욕구에 따라 발 빠르게 대응할 수 있어야 한다.

더불어 소비자의 마음을 미래에까지 붙잡을 수 있어야 끝내 생존할 수 있다. 다시 말해 디지털 시대의 플랫폼 기업의 성공 비결은, 구독경제의 성공 비결은, 소비자들의 선택에 전적으로 달려있음을 잊지 말아야 할 것이다.

또 하나 기억해야 할 것이 있다. 지금 우리가 처한 이 시대 생태계의 흐름이, 경제의 패러다임이 어떻게 바뀌고 있는지는 아래 내용으로 대신하고자 한다.

마우로 기엔 교수가 쓴 『2030 축의 전환』의 부제인 - **새로운 부와 힘을 탄생시킬 8가지 거대한 물결** - 의 내용을 함께 나누고자 한다.

여덟 가지 키워드만 기억해도 내일을 준비하는 데, 멀지 않은 미래를 준비하는 데 적잖은 도움이 되리라 생각한다. 이 책을 읽는 독자들도 꼭 읽어보길 추천한다.

1. 낮은 출생률 (**출생률을 알면 미래가 보인다**)
2. 새로운 세대, 그들은 실버, 시니어 세대 (**밀레니엄 세대보다 중요한 세대**)
3. 아시아 시장의 규모 급부상 (**새로운 중산층 탄생**)
4. 증가하는 여성의 부 (**더 강하고 부유한 여성들**)

스마일 에이징 하우스

책 집필을 마무리하는 시점에서 많은 생각이 스쳐간다. 나의 10년 후, 20년 후는 과연 어떨까? 사람들에게 노후를 잘 준비해야 한다고 지금까지 이야기했는데 나의 노후는 어떤 모습일지 머릿속으로 가만히 그림을 그려본다.

요즘 60대 이후 시니어들이 꿈꾸는 주거 공간이 따로 있다. 금전적으로 여유가 있는 시니어들의 경우 고급 실버타운이라 불리는 곳에 많이 입주하고 있는 실정이다. 가령 '더 클래식 500', '삼성노블카운티', '시그넘 하우스' 등을 꼽을 수 있는데 대기하고 있는 인원들이 많다고 한다. 이유가 무엇일까? 호텔급의 좋은 시설과 시니어에 맞는 영양사의 건강식 제공, 운동과 취미활동을 비롯한 커뮤니티 활동을 할 수 있는 별도의 공간들이 있기 때문이다.

앞으로 이쪽에 더 많은 수요가 있을 것으로 내다본 어느 금융권에서는 최근 요양사업을 확장했다. 요즘에는 이를테면 소그룹 맞춤형 케어 서비스를 뜻하는 '유닛 케어(Unit Care)' 관리 시스템을 도입하는 추세이다. 넓게 트인 거실을 중심으로 12~20명의 시니어가 독립된 생활 그룹을 형성하는 것인데 새로운 주거 형태로 보면 될 것 같다.

노후를 위한 여러 가지 준비와 함께 '주거'에 관한 대비도 해야 하지 않을까 싶다. 부부 중 한 사람을 먼저 하늘나라로 보내게 됐을 때 남은 한 사람은 어떻게 살아야 할까? 만약 여성 시니어라면 평생 해오던 집안일에서 벗어나 내가 꿈꾸던 일을 하고 싶을 수 있다. 혼자된 남성 시니어라면 평생 해본 적 없는 집안일을 하려면 꽤나 곤혹스러울 것이다. 이럴 때 전문가들이 챙겨주는 주거 공간에서 노후를 보내는 삶을 상상해보라. 저절로 웃음이 나오지 않겠는가!

나의 또 하나의 바람이 있다면 시니어를 위한 바람직한 주거 공간, '스마일 에이징 하우스'라 말하고 싶다. 경제적인 여유가 있는 시니어뿐만 아니라 모든 시니어가 다 함께 웃으며 살 수 있는 공간, 그런 행복한 주거 공간을 위한 연구에도 박차를 가할 생각이다.

나는 최근에 새로운 사명이 하나 생겼다. 그동안 여러 가지 사업을 하며 여기까지 달려왔는데 이제는 시니어! 나의 부모이자 인생 선배인 세대를 위해 좋은 일 한번 해보자라는 마음이 그 어느 때보다 강하게 끓어오름을 느낀 것이다.

사실 이 책을 쓰는 동안 사랑하는 어머니와 장모님이 몇 차례 쓰러지며 입원과 퇴원을 반복하셨다. 그 모습을 보고 있노라니 가정을 돌보지 못하고 사업차 밖으로만 돈 세월이 너무 죄스럽게 느껴졌다. 그러다가 이제라도 내가 할 수 있는 일로 집안 어르신들을 편하고 즐겁게 해드리자는 결론에 도달했다.

물론 '구독경제'라는 사업 자체는 일찌감치 준비하고 있었다. 생각해둔 아이디어도 많았다. 하지만 한꺼번에 너무 욕심을 부릴 이유가 없다고 판단했다.

많은 기업들이 구독 사업에 뛰어들고 있는 이때, 중요한 것은 선택과 집중. 내가 가장 잘할 수 있는 일을 하나 선택해 그것에 온전히 집중하는 것이 맞겠다고 판단한 것이다. 그것이 바로 '구독경제 플랫폼' 론칭이다. 그리고 플랫폼 이름은 '원픽(One Pick)'이다. 잠깐 원픽에 대해 설명을 해볼까 한다.

원픽(One Pick)이라는 단어는 가장 좋아하는 단 한 명의 사람이나 물건을 뜻한다. 몇 년 전 오디션 프로그램에서 시작돼 젊은이들에게는 친숙한 단어인데, 지금은 TV, 광고 할 것 없이 두루두루 쓰일 정도로 보편화가 됐다.

오디션 프로그램 성격상 내가 가장 좋아하는 단 한 명(One)을 선택(Pick)하는 투표 방식이다 보니 그 후로 다들 '원픽'이라는 단어를 떠올리면 긍정적인 단어가 연상된다는 조사결과까지 나와 있을 정도다.

– 좋다! 빛나다! 최고! 감동! 기대! 진심! 응원! 추천! – 바

로 이런 단어들이 떠오른다는 것이었는데 좋은 의미를 많이 연상시키는 '원픽'이 '구독경제 플랫폼' 이름이라서 참 감사하고 좋다.

이번에 기회가 돼서 하는 말인데 선견지명이 있었던 것일까? 사실 난 2018년에 '원픽'이라는 상표에 대해 특허 출원을 이미 완료했다. 그런데 그 후, 이 단어가 이렇게 널리 알려지고 많은 사랑을 받으며 심지어 좋은 의미의 단어로 연상될 줄은 꿈에도 몰랐다. 방송과 광고 덕을 본 셈인데, 지면을 빌어 좋은 네이밍으로 자리 잡게 해줘서 고맙다는 인사를 전한다. 앞으로 이 플랫폼을 이용하게 될 구독자들에게 그야말로 최고의 선택이 되고, 주변에 추천하고 싶은 플랫폼 '원픽'이 되길 바랄 뿐이다. 물론 이 책의 행보도 그렇게 흘러간다면 정말 좋겠다.

이렇듯, 지금 '구독경제 플랫폼'에 관한 '구독경제 책'을 마무리하는 시점에서 무척이나 가슴이 벅차오름을 느낀다. 그동안 머릿속에서 생각했던 것들을 이제 구독경제 시장에서 선을 보일 수 있다고 생각하니 요즘 젊은이들 말로 심쿵!

나가는 말

게다가 아직은 구독경제라는 단어 자체를 낯설어할 시니어들이 과연 구독경제 플랫폼 안에서 자유롭게 놀 수 있을지(구독할 수 있을지) 혼자서 걱정 아닌 걱정도 해본다. 그래서 디지털 튜터니 뭐니 하면서 시니어들에게 알려주자고, 시니어들도 배워야 한다고, 본문에 썼으면서 말이다.

대부분의 사람들에게 잘 늙어간다는 말의 의미는 무엇일까?

아마도 자신보다 젊은 사람과도 잘 어울리고 나이든 사람과도 잘 어울리는 것! 서로 간에 균형감 있게, 조화롭게 시간을 보내는 것이 아닐까 싶다. 서로의 삶을 이질감 없이 함께 나누는 것이 아닐까 싶다.

세대가 함께 어우러지는 관계. 설령 이것이 너무 이상적인 모습으로 비춰진다고 해도 우리가 지향해야 할 궁극적인 지점이라면 조금 무리를 해서라도 도전해보는 것이 의미 있지 않을까 싶다. 그리고 이런 시간을 나와 자녀, 그리고 부모가 함께 모여 '구독경제 플랫폼-(원픽)'이라는 어른들의 놀이터에서 마음껏 즐길 수 있다면 더 이상 바랄 것이 없을 것 같다.

내가 생각하는 기업가 정신은 이렇다. 상상력, 꿈, 희생정신, 열정을 펼쳐 사회에 일자리를 제공하고 나와 동료들에게는 부를, 국가에는 번영을 창출하는 것이다. 그리고 하나님께 영광을 올려드리는 것이다. 한마디로 이 세상을 축복의 통로로 변화시키는 것이라 말할 수 있다.

그리고 지금, 두근거리는 마음으로 그 출발선 앞에 서 있다. 부디, 이 책의 출간을 필두로, 곧바로 이어지는 '구독경제 플랫폼-(원픽)' 사업까지 주변에 선한 영향력을 끼치는 일이 되기를 바랄 뿐이다.

이 책이 나오기까지 고마운 사람들이 많다. 나의 부족함을 채워주는 인생의 동역자 아내와 사랑하는 두 아들과 딸, 며느리. 그리고 늘 기도해주시는 서울드림교회 김여호수아 목사님과 신도배 목사님, 셀원들과 성도님들. 이번 구독경제 사업에 큰 도움을 주신 국립한경대학교 임태희 총장님, 한국뉴욕주립대학교 김춘호 명예총장님, 매일경제TV 장용수 대표님, 경희대학교 고령친화융합연구센터 김영선 교수님, 누리텍 하재영 사장님께 여러모로 깊이 감사드린다. 그리고 책 작업을 위해 나와 함께 고생한 문혜영 작가님에게도 고마운 마음을 전한다.

이 책을 선택한 시대를 앞서가는 독자들과 두진문의 구독경제 사업, '구독경제 플랫폼-(원픽)'에서 만나게 될 미래의 구독자들에게도 미리 감사의 인사를 전한다.

끝으로 이 모든 것을 할 수 있도록 인도해주신 하나님께 깊은 감사와 영광을 올립니다!

10월의 어느 멋진 날에
두진문

참고자료 —————————————————————————

| 도서 |

전호겸 – 구독경제 소유의 종말 (베가북스)

심두보 – 구독경제 101 (회사밖)

정희선 – 사지 않고 삽니다 (미래의창)

이승훈 – 구독전쟁 (한스미디어)

마오웨이 – 구독경제 (보아스)

김용섭 – 프로페셔널 스튜던트 (퍼블리온)

김용섭 – 언컨택트 (퍼블리온)

박상철 – 당신의 100세 존엄과 독립을 생각하다 (코리아닷컴)

정지훈 – 거의 모든 T의 역사 (매디치미디어)

티엔 추오, 게이브 와이저트 – 구독과 좋아요의 경제학 (부키)

케빈 켈리 – 인에비터블 미래의 정체 (청림출판)

닛케이 크로스 트렌드 – 구독경제는 어떻게 비즈니스가 되는가
                           (한스미디어)

마우로 기엔 – 2030 축의 전환 (리더스북)

존 워릴로우 – 구독경제 마케팅 (유엑스리뷰)

매튜 모톨라, 매튜 코트니 – 휴먼 클라우드 (한스미디어)

비카스 샤 – 생각을 바꾸는 생각들 (인플루엔셜)

| 강연 및 유튜브 방송 자료 |

MKTV 김미경TV – 유튜브 대학

최학희 대표의 SLB (시니어라이프비즈니스)

나우경제TV – 김난희 전문가의 〈이슈it〉

이학연 (서울과기대 산업공학과 교수) – 대한상공회의소 경영콘서트

김용진 (서강대 교수) – 대한상공회의소 경영콘서트

임일 (연세대학교 경영학과 교수) – 구독경제 강연

안진혁 (카카오 부사장) – 도산아카데미 스마트포럼

구독경제로 열리는 새로운 세계, 그 속에서 인간의 가치를 찾다

권선복 (도서출판 행복에너지 대표이사)

4차 산업혁명의 물결, 자본주의의 극한 발달과 경제구조의 변화, 코로나 19 의 유행 등은 우리 사회를 빠르게 바꾸어 놓고 있습니다. 물질의 소유를 부의 척도로 여겼던 오래된 인식이 점차 변화하면서 '소유의 경제'가 저물고 잠시 대안으로 제시되었던 '공유경제'를 지나 이제 '구독경제'가 세계적인 경제 패러다임의 대세가 되고 있는 것이 현실입니다.

이 책 『성공하는 구독경제 원픽』은 변화하는 산업 패러다임을 웅진코웨이 사장, 한샘리빙클럽 사장을 역임한 바 있는 경영인 두진문 저자의 비전과 통찰을 통해 한눈에 살펴볼 수 있는 실용적 교양서입니다.

이 책은 구독 서비스의 개념, 구독 서비스 모델, 구독경제의 장단점 등을 실제 우리 주변의 사례를 들어 이해하기 쉽고 재미있게 설명하고 있습니다. 구독경제라는 단어는 언뜻 낯설지만, 많은 이들이 사용하고 있는 다양한 구독 서비스의 사례를 보면 우리가 이미 피할 수 없는 구독경제의 세상 속에서 살고 있다는 사실을 알 수 있을 것입니다.

특히 두진문 회장이 강조하는 지점은 '휴먼 터치'인데 인공지능, 빅데이터, 알고리즘만으로 구성되는 구독경제에는 한계가 있으며, 결국 빈 공간을 채우는 것은 구독을 안내하는 인간 '큐레이터'와 고객 사이의 관계 맺음이라는 예리한 통찰입니다.

또한 저출생과 고령화로 인한 시니어 세대의 대두, 그리고 그들의 니즈(Needs)와 원츠(Wants)를 구독경제에 접목하여 다양한 미래 산업의 가능성을 이야기하고 있는 것도 흥미로운 부분입니다. '무덤 친구'와 시니어 커뮤니티, 에이징 테크, 반려 로봇, 고독사 보험, 치매 신탁 등 고령화되고 있는 우리 사회에 주어진 숙제를 진지하게 생각해 볼 수 있는 기회를 제공할 것입니다.

IMF 사태의 여파로 모두가 괴로웠던 시기, 정수기 렌탈이라는 구독경제적 관점혁신을 통해 웅진코웨이의 발전을 이룩한 두진문 저자의 이 책은 우리 모두가 사회의 패러다임이 어떻게 구독경제 중심으로 변화해 가고 있는지 이해하고 앞서 나아갈 수 있도록 청사진을 제공할 것입니다.

출간후기

'행복에너지'의 해피 대한민국 프로젝트!
〈모교 책 보내기 운동〉

대한민국의 뿌리, 대한민국의 미래 **청소년·청년**들에게 **책**을 보내주세요.

많은 학교의 도서관이 가난해지고 있습니다. 그만큼 많은 학생들의 마음 또한 가난해지고 있습니다. 학교 도서관에는 색이 바래고 찢어진 책들이 나뒹굽니다. 더럽고 먼지만 앉은 책을 과연 누가 읽고 싶어 할까요?
게임과 스마트폰에 중독된 초·중고생들. 입시의 문턱 앞에서 문제집에만 매달리는 고등학생들. 험난한 취업 준비에 책 읽을 시간조차 없는 대학생들. 아무런 꿈도 없이 정해진 길을 따라서만 가는 젊은이들이 과연 대한민국을 이끌 수 있을까요?

한 권의 책은 한 사람의 인생을 바꾸는 힘을 가지고 있습니다. 한 사람의 인생이 바뀌면 한 나라의 국운이 바뀝니다. **저희 행복에너지에서는 베스트셀러와 각종 기관에서 우수도서로 선정된 도서를 중심으로 〈모교 책 보내기 운동〉을 펼치고 있습니다.** 대한민국의 미래, 젊은이들에게 좋은 책을 보내주십시오. 독자 여러분의 자랑스러운 모교에 보내진 한 권의 책은 더 크게 성장할 대한민국의 발판이 될 것입니다.

도서출판 행복에너지를 성원해주시는 독자 여러분의 많은 관심과 참여 부탁드리겠습니다.

도서출판 행복에너지 임직원 일동